中等职业教育国家规划教材
全国中等职业教育教材审定委员会审定

Qiche Zidong Biansuqi Gouzao yu Weixiu
汽车自动变速器构造与维修

第4版

周志伟　韩彦明　顾雯斌　主　编

沈　沉　主　审

人民交通出版社股份有限公司

北京

内 容 提 要

本书是中等职业教育国家规划教材,内容主要包括概述、液力变矩器的构造与维修、齿轮变速机构的构造与维修、液压控制系统的构造与维修、电子控制系统的构造与维修、自动变速器的使用、维护及性能试验、无级变速器的构造与维修、双离合器自动变速器的构造与维修。

本书可作为中等职业学校汽车运用与维修专业教材,汽车维修企业的技术人员也可参考学习。

图书在版编目(CIP)数据

汽车自动变速器构造与维修/周志伟,韩彦明,顾雯斌主编. —4版. —北京:人民交通出版社股份有限公司,2021.8(2024.9重印)

ISBN 978-7-114-17417-9

Ⅰ.①汽… Ⅱ.①周…②韩…③顾… Ⅲ.①汽车—自动变速装置—构造—中等专业学校—教材②汽车—自动变速装置—车辆修理—中等专业学校—教材 Ⅳ.①U472.41

中国版本图书馆 CIP 数据核字(2021)第 122498 号

书　　名:	汽车自动变速器构造与维修(第4版)
著 作 者:	周志伟　韩彦明　顾雯斌
责任编辑:	时　旭
责任校对:	刘　芹
责任印制:	刘高彤
出版发行:	人民交通出版社股份有限公司
地　　址:	(100011)北京市朝阳区安定门外外馆斜街 3 号
网　　址:	http://www.ccpcl.com.cn
销售电话:	(010)59757973
总 经 销:	人民交通出版社股份有限公司发行部
经　　销:	各地新华书店
印　　刷:	北京印匠彩色印刷有限公司
开　　本:	787×1092　1/16
印　　张:	15.25
字　　数:	272 千
版　　次:	2002 年 7 月　第 1 版 2011 年 7 月　第 2 版 2016 年 4 月　第 3 版 2021 年 8 月　第 4 版
印　　次:	2024 年 9 月　第 4 版　第 2 次印刷　总第 31 次印刷
书　　号:	ISBN 978-7-114-17417-9
定　　价:	38.00 元

(有印刷、装订质量问题的图书由本公司负责调换)

第4版前言

本套中等职业教育国家规划教材,自2002年首次出版以来,获得师生的一致好评,被国内多所中等职业院校选为教学用书;人民交通出版社股份有限公司分别于2011年和2016年对教材进行了修订,使之在结构和内容上与教学实际更加吻合,更注重对学生实践能力的培养。

为了更好地体现"以行业需求为导向、以能力为本位"的职业教育理念,促进"教、学、做"更好结合,突出对学生技能的培养,使之成为技能型人才,故人民交通出版社股份有限公司组织相关老师再次对本套教材进行了修订。

本次教材的修订,吸收了教材使用院校教师的意见和建议,经过与编者的认真研究和讨论,确定了修订方案。

《汽车自动变速器构造与维修》(第4版)修订内容主要体现在以下几个方面:

(1) 更换部分图片,并纠正原版教材中的错误。

(2) 更新或删除《汽车自动变速器构造与维修》(第3版)中陈旧的、过时的内容,如删除了已经过时的"平行轴式自动变速器齿轮变速机构"相关内容。

(3) 将自动变速器的正确使用、故障诊断与检修基本方法、维护、性能试验的内容,都整合到第六章,使全书体例更加合理。

(4) 以迈腾乘用车为例,增加了双离合器自动变速器的维修内容。

本书由周志伟、韩彦明、顾雯斌担任主编,樊雅双、郑宏军、孟淑娟担任副主编,辽宁省交通高等专科学校沈沉担任主审。参与编写的还有张立新、侯建党、韩希国、李培军、高元伟、马选刚、郗江月、李红明、姚静、任晓明。

限于编者水平,书中难免有疏漏和错误之处,恳请广大读者提出宝贵建议,以便进一步修改和完善。

编 者

2021年3月

目 录

第一章 概述 1
第一节 自动变速器的组成和工作原理 1
第二节 自动变速器总成的拆装 7
小结 22
复习思考题 22

第二章 液力变矩器的构造与维修 23
第一节 液力变矩器的构造和工作原理 23
第二节 液力变矩器的维修 32
小结 33
复习思考题 34

第三章 自动变速器齿轮变速机构的构造与维修 36
第一节 齿轮变速机构的构造与工作原理 36
第二节 换挡执行元件的构造与工作原理 39
第三节 典型行星齿轮变速机构的构造与工作原理 43
第四节 齿轮变速机构的维修 59
小结 93
复习思考题 94

第四章 自动变速器液压控制系统的构造与维修 97
第一节 液压控制系统的构造与工作原理 97
第二节 液压控制系统的维修 105
小结 117
复习思考题 118

第五章 自动变速器电子控制系统的构造与维修 120
第一节 电子控制系统的构造与工作原理 120
第二节 电子控制系统的维修 133

小结 ·· 146
复习思考题 ·· 147

第六章 自动变速器的使用、维护及性能试验 ······················ 149

第一节 自动变速器的正确使用及故障诊断与检修基本方法 ·············· 149
第二节 自动变速器的维护 ··· 152
第三节 自动变速器性能试验 ··· 153
小结 ·· 163
复习思考题 ·· 164

第七章 无级变速器的构造与维修 ·· 166

第一节 无级变速器的构造与工作原理 ···································· 166
第二节 无级变速器的维修 ··· 175
小结 ·· 193
复习思考题 ·· 194

第八章 双离合器自动变速器的构造与维修 ···························· 195

第一节 双离合器自动变速器的构造与工作原理 ·························· 195
第二节 双离合器自动变速器的维修 ·· 216
小结 ·· 233
复习思考题 ·· 234

参考文献 ··· 236

第一章 概述

> **学习目标**
> 1. 了解自动变速器的分类方法；
> 2. 掌握自动变速器的基本组成及工作原理；
> 3. 掌握自动变速器换挡杆的正确使用方法；
> 4. 了解自动变速器总成的拆装方法。

第一节 自动变速器的组成和工作原理

自动变速器（Automatic Transmission，AT）是指汽车驾驶中离合器的操纵和变速器的操纵都实现了自动化的变速装置。目前，自动变速器的自动换挡等过程都是由自动变速器的电子控制单元（英文缩写为 ECU，俗称电脑）所控制，因此，自动变速器又可简称为 EAT、ECAT、ECT 等。

一、自动变速器的分类

自动变速器可以按传动原理、驱动方式、前进挡的挡位数不同等来分类。

1 按传动原理分类

自动变速器按传动原理的不同，可以分为液力自动变速器（AT）、无级变速器（CVT）和双离合器自动变速器（DCT），如图 1-1 所示。

a) 液力自动变速器　　b) 无级变速器　　c) 双离合器自动变速器

图 1-1　自动变速器按传动原理分类

(1) 液力自动变速器是目前应用最广泛、技术最成熟的自动变速器。按控制方式的不同,液力自动变速器可以分为液控液力自动变速器和电控液力自动变速器,目前乘用车上都是采用电控液力自动变速器;按齿轮变速机构结构的不同,液力自动变速器又可以分为行星齿轮自动变速器和平行轴式自动变速器,行星齿轮自动变速器应用最广泛,平行轴式自动变速器只在本田等个别车系中应用。行星齿轮自动变速器又可以分为辛普森式自动变速器、拉威娜式自动变速器等形式。

(2) 无级变速器(CVT)是采用传动带(链)和工作直径可变的主、从动带(链)轮相配合来传递动力,可以实现传动比的连续改变,这也是一种具有广阔发展前景的自动变速器。

(3) 双离合器自动变速器(DCT)也称为直接换挡变速器(DSG),双离合器自动变速器是基于手动变速器发展而来的,并且综合了手动变速器与液力自动变速器的优点。

2 按驱动方式分类

自动变速器按驱动方式的不同,可以分为自动变速器(Automatic Transmission)和自动变速驱动桥(Automatic Transaxle),如图1-2所示。

a) 自动变速器

b) 自动变速驱动桥

图1-2 自动变速器和自动变速驱动桥

自动变速器用于发动机前置后轮驱动车辆的布置形式,变速器与主减速器、差速器分开,而自动变速驱动桥用于发动机前置前轮驱动车辆的布置形式,变速器与主减速器、差速器制成一个总成。

3 按前进挡的挡位数分类

按自动变速器前进挡的挡位数的不同,自动变速器可以分为四挡、五挡、六挡自动变速器等。目前比较常见的是四挡和五挡自动变速器,在某些高级乘用车中采用六挡自动变速器。

二、自动变速器的基本组成和工作原理

1 基本组成

自动变速器主要由液力变矩器、齿轮变速机构、换挡执行元件、液压控制系统、电子控制系统及冷却滤油装置等组成,如图1-3所示。

图1-3 自动变速器的结构

1)液力变矩器

液力变矩器位于自动变速器的最前端,安装在发动机的飞轮上,它是一个通过自动变速器油(Automatic Transmission Fluid,ATF)传递动力的装置,可以实现动力的柔和传递。

液力变矩器的主要作用是利用ATF循环流动,将发动机的动力传递给自动变速器齿轮变速机构,并能根据汽车行驶阻力的变化,在一定范围内自动改变传动比,具有一定的降速增矩功能。液力变矩器还具有自动离合器的功用,在发动机不熄火、自动变速器位于动力挡(D挡或R挡)的情况下,汽车可以处于停车状态。

2）齿轮变速机构

齿轮变速机构可形成不同的传动比，组合成自动变速器不同的挡位。目前，绝大多数电控液力自动变速器采用行星齿轮变速机构进行变速。

3）换挡执行元件

换挡执行元件主要是用来控制齿轮变速机构部件的运动状态，改变动力传递的方向和传动比，主要由多片离合器、制动器和单向离合器等组成。

4）液压控制系统

液压控制系统是由油泵、各种控制阀及与之相连通的液压换挡执行元件（如离合器油缸、制动器油缸等）组成液压控制回路。汽车行驶中根据驾驶人的要求和行驶条件的需要，控制离合器和制动器工作状况的改变来实现齿轮变速机构的自动换挡。

5）电子控制系统

电子控制系统主要包括各类传感器及开关、电子控制单元（ECU）和执行器等。电子控制系统中的传感器及开关将发动机工况、车速等信号传递给ECU，经ECU处理后发出控制指令给执行器，执行器和液压系统按一定规律控制换挡执行元件工作，实现自动变速器的自动换挡。

6）冷却滤油装置

自动变速器油（ATF）在自动变速器工作过程中会因冲击、摩擦产生热量，同时还要吸收齿轮传动过程中所产生的热量，其温度将会升高。ATF温度升高将导致ATF黏度下降，传动效率降低，因此，必须对ATF进行冷却，保持其温度在80~90℃。ATF是通过油冷却器与冷却液或空气进行热量交换的。自动变速器工作中各部件磨损产生的机械杂质，由滤油器从油中过滤分离出去，以减少机件的磨损，防止液压油路的堵塞和控制阀的卡滞。

2 基本工作原理

电控液力自动变速器的组成和原理如图1-4所示，自动变速器是通过各种传感器将发动机的转速、节气门开度、车速、发动机冷却液温度、ATF温度等参数信号输入ECU，ECU根据这些信号，按照设定的换挡规律，向换挡电磁阀、油压电磁阀等发出动作控制信号，换挡电磁阀和油压电磁阀再将ECU的动作控制信号转变为液压控制信号，阀板中的各控制阀根据这些液压控制信号，控制换挡执行元件的动作，从而实现自动换挡过程。

三、自动变速器换挡杆的使用

常见的换挡杆位置大多布置在转向柱上或驾驶室地板上，如图1-5所示。

第一章 概　述

图1-4　电控液力自动变速器的组成和原理图

a) 布置在转向柱上　　b) 布置在驾驶室地板上

图1-5　换挡杆的位置

乘用车自动变速器的换挡杆通常有6个或7个挡位，如图1-6所示，其功能见表1-1。

> **注意**：发动机只有在换挡杆置于N挡或P挡时才能起动，此功能靠驻车挡/空挡位置开关（又称空挡起动开关）来实现。

5

图1-6 自动变速器换挡杆位置示意图

自动变速器各挡位名称及功用 表1-1

换挡杆位置	挡位名称	挡 位 功 用
P	驻车挡	驻车时使用。换挡杆在P挡时,驻车锁定机构将变速器的输出轴锁住,使驱动车轮不能转动,可防止车辆移动。当换入其他挡位时,驻车锁定机构被解除锁止
R	倒挡	倒车时使用。换挡杆在R挡时,液压控制系统倒挡油路被接通,自动变速器处于倒挡状态,驱动车轮反转,汽车实现倒向行驶
N	空挡	起动及临时停车时使用。换挡杆处于N挡时,所有齿轮变速机构中的齿轮空转,不能输出动力。发动机只有在换挡杆处于P挡或N挡时,汽车才能起动,该功能依靠驻车挡/空挡位置开关来实现
D_4(D)	前进挡	一般行驶条件下使用。当处于D_4(D)挡时,液压系统控制装置根据节气门开度信号和车速信号自动接通相应的前进挡油路,齿轮变速机构在换挡执行元件的控制下得到相应的传动比。随着行驶条件的变化,在前进挡中自动升、降挡,实现自动变速功能
D_3(3)	高速发动机制动挡	用于上、下坡行驶条件下使用。换挡杆处于该位置时,液压制动系统只能接通前进挡中的一、二、三挡油路,自动变速器只能在这3个挡位间自动换挡,无法升入四挡位,从而使汽车获得发动机制动效果

续上表

换挡杆位置	挡位名称	挡位功用
2(S)	中速发动机制动挡	用于发动机制动或在松软打滑路面上行驶。换挡杆处于此位置时,液压控制系统只能接通前进挡中的一、二挡油路,自动变速器只能在这两个挡位间自动换挡,无法升入更高的挡位,从而使汽车获得发动机制动效果
1(L)	低速发动机制动挡	用于发动机制动,当换挡杆位于1(L)挡时,变速器被锁定在前进挡的一挡,这时发动机的制动作用更强,该挡多用于山区行驶、爬陡坡或下坡时,能有效地利用发动机的制动作用来稳定车速

第二节 自动变速器总成的拆装

一、实训器材

(1) 车辆:丰田卡罗拉乘用车(装有 U341E 型自动变速器)。
(2) 普通工具:举升机、组合扳手、螺丝刀、钳子、扭力扳手。
(3) 检测工具:游标卡尺、直尺。
(4) 其他:磁力护裙、转向盘护套、换挡杆手柄套、脚垫和座位套、丰田原厂黏合剂 1324、THREE BOND 1324 或同等产品、丰田原厂 ATF WS 自动变速器油液。

二、准备工作

(1) 汽车进入工位前,将工位清理干净,准备好相关的器材。
(2) 将汽车停驻在举升机中央位置。
(3) 拉紧驻车制动器操纵杆,并将换挡杆置于 P 位置(图 1-7)。
(4) 套上转向盘护套、换挡杆手柄套和座位套,铺设脚垫。
(5) 在车内拉动发动机舱盖手柄,在车外打开并支撑发动机舱盖(图 1-8)。
(6) 粘贴翼子板和前脸磁力护裙。

三、操作步骤

拆装丰田卡罗拉乘用车 U341E 型自动变速器相关部件如图 1-9 ~ 图 1-16 所示。

图1-7 换挡杆置于P位置

图1-8 支撑发动机舱盖

N·m:规定的拧紧力矩

图1-9 拆装U341E型自动变速器相关部件分解图(一)

第一章 概　述

图 1-10　拆装 U341E 型自动变速器相关部件分解图(二)

图1-11 拆装U341E型自动变速器相关部件分解图(三)

第一章 概 述

图1-12 拆装U341E型自动变速器相关部件分解图(四)

图1-13 拆装U341E型自动变速器相关部件分解图(五)

图1-14 拆装U341E型自动变速器相关部件分解图(六)

图1-15　拆装 U341E 型自动变速器相关部件分解图(七)

第一章 概　述

$\boxed{N\cdot m}$：规定的拧紧力矩
● 不可重复使用零件
← ATF WS

图 1-16　拆装 U341E 型自动变速器相关部件分解图（八）

1 自动变速器总成的拆卸

自动变速器总成的拆卸可参考照图 1-9～图 1-16 进行，也可参考自动变速器总成的安装相反的顺序进行。

2 自动变速器总成的安装

（1）检查液力变矩器总成。

（2）安装液力变矩器总成。

①如图 1-17 所示，使用游标卡尺，测量发动机自动变速器装配部件与飞轮和液力变矩器装配部件之间的尺寸 A。

②如图 1-18 所示，将键放在前机油泵主动齿轮顶部，并在壳体上做好装配标记。

图 1-17　自动变速器总成的安装（一）　　图 1-18　自动变速器总成的安装（二）

③如图1-19所示,在液力变矩器上做好装配标记,以清晰指示它的凹槽。

④如图1-20所示,对准壳体和液力变矩器上的装配标记,将输入轴花键装配到涡轮转子花键上。

图1-19　自动变速器总成的安装(三)　　图1-20　自动变速器总成的安装(四)

⑤如图1-21所示,转动液力变矩器,将定子轴花键装配到定子花键上。

> **注意**:转动液力变矩器约180°。

⑥如图1-22所示,转动液力变矩器,再次对准壳体和液力变矩器上的标记,将机油泵主动齿轮键装配到液力变矩器键槽中。

> **注意**:转动时请勿过度推动液力变矩器。

图1-21　自动变速器总成的安装(五)　　图1-22　自动变速器总成的安装(六)

⑦用游标卡尺和直尺,测量如图1-23所示的尺寸B,检查并确认尺寸B比在步骤①测量的尺寸A大。标准:$(A+1)$mm 或更大。

> **注意**:用测量值减去直尺的厚度以得到尺寸B。

(3)安装速度表从动齿轮孔盖分总成。如图1-24所示,用螺栓将速度表从动齿轮孔盖分总成安装至自动变速器,拧紧力矩:7.0N·m。

(4)安装变速器1号控制拉索支架。如图1-25所示,用2个螺栓将变速器1号控制拉索支架安装至自动变速器,拧紧力矩:12N·m。连接两个连接器,并将卡夹安装至自动变速器。

尺寸B

图 1-23　自动变速器总成的安装（七）　　图 1-24　自动变速器总成的安装（八）

（5）安装变速器加油管分总成。如图 1-26 所示，在新 O 形密封圈上涂 ATF，并将其安装至变速器加油管分总成。用螺栓将变速器加油管分总成安装至自动变速器，拧紧力矩：12N·m。将变速器油位计分总成安装至变速器加油管分总成。

图 1-25　自动变速器总成的安装（九）　　图 1-26　自动变速器总成的安装（十）

（6）安装机油冷却器管分总成。如图 1-27 所示，用 2 个软管卡夹将 2 个机油冷却器软管连接至 2 个接头。用螺栓将机油冷却器管分总成安装至自动变速器，拧紧力矩：5.5N·m。

（7）安装变速器控制拉索支架。如图 1-28 所示，用螺栓将变速器控制拉索支架安装至自动变速器，拧紧力矩：5.0N·m。将卡夹连接至变速器控制拉索支架上，并将转速传感器连接器连接至转速传感器。

图 1-27　自动变速器总成的安装（十一）　　图 1-28　自动变速器总成的安装（十二）

(8) 安装发动机后悬置支架。如图1-29所示，用3个螺栓将发动机后悬置支架安装至自动变速器，拧紧力矩：45N·m。用线束卡夹将线束安装至发动机后悬置支架。

(9) 安装发动机前悬置支架。如图1-30所示，用4个螺栓将发动机前悬置支架安装到自动变速器上，拧紧力矩：64N·m。

图1-29 自动变速器总成的安装（十三）

图1-30 自动变速器总成的安装（十四）

(10) 安装发动机左侧悬置支架。如图1-31所示，用3个螺栓将发动机左侧悬置支架安装至自动变速器，拧紧力矩：64N·m。

(11) 安装自动变速器总成。如图1-32所示，用7个螺栓将自动变速器安装至发动机，拧紧力矩：30N·m。

图1-31 自动变速器总成的安装（十五）

图1-32 自动变速器总成的安装（十六）

(12) 安装起动机总成。

(13) 安装飞轮壳侧盖。

(14) 安装发动机后悬置隔振垫。

(15) 安装带自动变速器的发动机总成。

(16) 安装前横梁。

(17) 安装前悬架横梁分总成。

(18)安装左前悬架横梁后支架。

(19)安装右前悬架横梁后支架。

(20)安装左前悬架横梁加强件。

(21)安装右前悬架横梁加强件。

(22)安装发动机前悬置下支架加强件。

(23)安装飞轮和液力变矩器固定螺栓。如图1-33所示,在6个液力变矩器固定螺栓尖头的两圈螺纹上滴几滴黏合剂(丰田原厂黏合剂1324、THREE BOND 1324或同等产品)。用扳手固定曲轴传动带轮螺栓,再安装6个液力变矩器固定螺栓,拧紧力矩:28N·m。

注意:先安装黑色螺栓,然后安装其余5个螺栓。

(24)如图1-34所示,安装飞轮壳底罩至自动变速器。

图1-33　自动变速器总成的安装(十七)

图1-34　自动变速器总成的安装(十八)

(25)安装前桥左半轴总成。

(26)安装前桥右半轴总成。

(27)安装带左车桥轮毂的转向节。

(28)安装带右车桥轮毂的转向节。

注意:执行与左侧相同的操作程序。

(29)安装左前悬架下臂。

(30)安装右前悬架下臂。

注意:执行与左侧相同的操作程序。

(31)安装左前稳定杆连杆总成。

（32）安装右前稳定杆连杆总成。

注意：执行与左侧相同的操作程序。

（33）连接左侧横拉杆接头分总成。
（34）连接右侧横拉杆接头分总成。

注意：执行与左侧相同的操作程序。

（35）安装左前轮转速传感器。
（36）安装右前轮转速传感器。

注意：执行与左侧相同的操作程序。

（37）安装左前桥轮毂螺母。
（38）安装右前桥轮毂螺母。

注意：执行与左侧相同的操作程序。

（39）安装前排气管总成。
（40）安装氧传感器。
（41）安装转向柱1号孔盖分总成。
（42）安装2号转向中间轴总成。
（43）安装转向柱孔盖消声板。
（44）安装线束。
（45）安装带传动带轮的压缩机总成。
（46）安装发电机总成。
（47）安装多楔带。
（48）调整多楔带。
（49）检查多楔带。
（50）连接燃油管分总成。
（51）连接加热器进水软管。
（52）连接加热器出水软管。
（53）连接止回阀软管接头。

(54)连接机油冷却器软管。

(55)安装变速器控制拉索总成。

(56)连接散热器出水软管。

(57)连接散热器进水软管。

(58)安装蓄电池托架。

(59)安装蓄电池。

(60)安装空气滤清器壳。

(61)安装空气滤清器盖分总成。

(62)安装前轮。

(63)添加发动机冷却液。

(64)添加自动变速器油。油液类型:丰田原厂 ATF WS;容量:2.9L。

(65)检查自动变速器油液面高度。

(66)检查自动变速器油是否有泄漏。

(67)检查燃油是否有泄漏。

(68)检查冷却液是否有泄漏。

(69)检查机油是否有泄漏。

(70)检查废气是否有泄漏。

(71)调整换挡杆位置。

(72)检查换挡杆位置。

(73)安装发动机2号底罩。

(74)安装发动机1号底罩。

(75)安装发动机后部左侧底罩。

(76)安装发动机后部右侧底罩。

(77)检查点火正时。

(78)检查发动机怠速转速。

(79)检查 CO/HC 排放量。

(80)检查并调整前轮定位。

(81)安装2号汽缸盖罩。

(82)安装散热器上空气导流板。

(83)进行初始化。

(84)检查防抱死制动系统(ABS)的转速传感器信号。

小结

1. 自动变速器按传动原理的不同,可以分为液力自动变速器(AT)、无级变速器(CVT)和双离合器自动变速器(DCT);自动变速器按驱动方式的不同,可以分为自动变速器和自动变速驱动桥;按自动变速器前进挡的挡位数的不同,自动变速器可以分为四挡、五挡、六挡自动变速器等。

2. 自动变速器主要由液力变矩器、齿轮变速机构、换挡执行元件、液压控制系统、电子控制系统及冷却滤油装置等组成。

3. 乘用车自动变速器的换挡杆通常有6个或7个挡位,如P、R、N、D、3、2、1。发动机只有在换挡杆置于N挡或P挡时才能起动,此功能靠驻车挡/空挡位置开关(又称空挡起动开关)来实现。

复习思考题

一、选择题

1. 目前,乘用车自动变速器换挡杆通常有( )挡位。
   A. 2个或3个　　　　B. 4个或5个　　　　C. 6个或7个

2. 以下( )符号表示自动变速器处于空挡。
   A. D　　　　　　　B. N　　　　　　　　C. R

3. 换挡杆在( )位时,液压控制系统倒挡油路被接通,自动变速器处于倒挡状态,驱动车轮反转,汽车实现倒车行驶。
   A. D　　　　　　　B. N　　　　　　　　C. R

二、判断题

1. 自动变速器的作用是连接发动机和驱动车轮。　　　　　　　　　　　　(　　)

2. 自动变速器主要由液力变矩器、齿轮变速机构、换挡执行元件、液压控制系统、电子控制系统等组成。　　　　　　　　　　　　　　　　　　　　　　(　　)

3. 换挡杆在N位置时,驻车锁定机构将变速器的输出轴锁住,使驱动车轮不能转动,可防止车辆移动。　　　　　　　　　　　　　　　　　　　　　　(　　)

三、简答题

1. 简述自动变速器基本组成及各部分的功用。
2. 简述自动变速器基本工作原理。
3. 自动变速器各挡位名称及功用是什么?

第二章

液力变矩器的构造与维修

> **学习目标**
> 1. 掌握液力变矩器的功用和基本组成;
> 2. 掌握液力变矩器的工作原理;
> 3. 掌握液力变矩器单向离合器和锁止离合器的基本结构和工作原理;
> 4. 熟悉液力变矩器常见维修项目及方法。

第一节 液力变矩器的构造和工作原理

一、液力变矩器的功用和组成

功用

液力变矩器位于发动机和自动变速器齿轮变速机构之间,以自动变速器油(ATF)为工作介质,主要完成以下功用:

(1)传递转矩。发动机的转矩通过液力变矩器的主动元件,再通过 ATF 传给液力变矩器的从动元件,最后传给自动变速器齿轮变速机构。

(2)无级变速。根据工况的不同,液力变矩器可以在一定范围内实现转速和转矩的无级变化。

(3)自动离合。液力变矩器由于采用 ATF 传递动力,当踩下制动踏板时,发动机也不会熄火,此时相当于离合器分离;当抬起制动踏板时,汽车可以起步,此时相当于离合器接合。

(4)驱动油泵。ATF 在工作的时候需要油泵提供一定的压力,而油泵一般是由液力变矩器壳体驱动的。

由于采用 ATF 传递动力,液力变矩器的动力传递柔和且能防止传动系统过载。

2 组成

如图 2-1 所示,液力变矩器通常由泵轮、涡轮和导轮 3 个元件组成,称为三元件液力变矩器。有的液力变矩器采用两个导轮,则称为四元件液力变矩器。

图 2-1 液力变矩器的组成

液力变矩器总成封在一个钢制壳体(液力变矩器壳体)中,内部充满 ATF。液力变矩器壳体通过螺栓与发动机曲轴后端的飞轮连接,与发动机曲轴一起旋转。泵轮位于液力变矩器的后部,与液力变矩器壳体连在一起。涡轮位于泵轮前部,通过带花键的从动轴向后面的齿轮变速机构输出动力。泵轮、涡轮和导轮上都带有叶片。导轮位于泵轮与涡轮之间,通过单向离合器支承在固定套管上,使得导轮只能单向旋转(顺时针旋转)。液力变矩器装配好后形成环形内腔,其间充满 ATF。

二、液力变矩器的工作原理

1 动力的传递

液力变矩器的工作原理可以通过一对电风扇的工作来描述,如图 2-2 所示。

图 2-2 液力变矩器的工作模型

将电风扇 A 通电,因气流的吹动作用,并使未通电的电风扇 B 也转动起来,此时动力由电风扇 A 传递到电风扇 B。为了实现转矩的放大,在两台电风扇的背面加上一条空气通道,使穿过电风扇 B 的气流通过空气通道的导向,从电风扇 A 的背面流回,这会加强电风扇 A 吹动的气流,使吹向电风扇 B 的转矩增加。即电风扇 A 相当于泵轮,电风扇

B 相当于涡轮,空气通道相当于导轮,空气相当于 ATF。

液力变矩器工作时,壳体内充满 ATF,发动机带动壳体旋转,壳体带动泵轮旋转,泵轮的叶片使 ATF 旋动起来,并冲击到涡轮的叶片;如果作用在涡轮叶片上的冲击力大于作用在涡轮上的阻力,涡轮将开始转动,并使齿轮变速机构的输入轴一起转动。由涡轮叶片流出的 ATF 经过导轮后再流回到泵轮,形成如图 2-3 所示的循环流动。

图 2-3　ATF 在液力变矩器中的循环流动

具体来说,上述 ATF 的循环流动是两种运动的合运动。当液力变矩器泵轮旋转时,泵轮叶片带动 ATF 旋转起来,ATF 绕着泵轮轴线作圆周运动;同样随着涡轮的旋转,ATF 也绕着涡轮轴线作圆周运动。旋转起来的 ATF 在离心力的作用下,沿着泵轮和涡轮的叶片从内缘流向外缘。当泵轮转速大于涡轮转速时,泵轮叶片外缘的液压大于涡轮外缘的液压。因此,ATF 在作圆周运动的同时,在上述压差的作用下由泵轮流向涡轮,再流向导轮,最后返回泵轮,形成在液力变矩器环形腔内的循环运动。

2　转矩的放大

下面用液力变矩器工作轮的展开图来说明液力变矩器转矩的放大原理,展开图的制取方法如图 2-4 所示,即将循环圆上的中间流线(此流线将液流通道断面分割成面积相等的内外两部分)展开成一直线,各循环圆中间流线均在同一平面上展开,于是在展开图上,液力变矩器的泵轮 B、涡轮 W 和导轮 D 便成为三个环形平面,且工作轮的叶片角度也清楚地显示出来。图 2-5 所示为液力变矩器工作原理图,为便于说明,设发动机转速及负荷不变,即液力变矩器泵轮的转速 n_B 及转矩 M_B 为常数。

图 2-4 液力变矩器工作轮展开示意图
B-泵轮;W-涡轮;D-导轮

当发动机运转而汽车还未起动时,涡轮转速 n_W 为零,如图 2-5a) 所示。ATF 在泵轮叶片的带动下,以一定的绝对速度沿图 2-5a) 中箭头 1 所示的方向冲向涡轮叶片,对涡轮有一个作用力,产生绕涡轮轴的转矩。因此时涡轮静止不动,液流则沿着叶片流出涡轮并冲向导轮,其方向如图 2-5a) 中箭头 2 所示,该液流对导轮产生作用力矩。然后液流再从固定不动的导轮叶片沿箭头 3 的方向流回到泵轮中。当液流流过叶片时,对叶片作用有冲击力矩,液流此时也受到叶片的反作用力矩,其大小与作用力矩相等,方向相反。作用力矩与反作用力矩的方向及大小与液流进出工作轮的方向有关。设泵轮、涡轮和导轮对液流的作用力矩分别为 M_B、M_W 和 M_D,方向如图 2-5a) 中箭头所示。根据液流受力平衡条件,三者在数值上满足关系式 $M_W = M_B + M_D$,即涡轮转矩等于泵轮转矩与导轮转矩之和。显然,此时涡轮转矩 M_W 大于泵轮转矩 M_B,即液力变矩器起到增大转矩的作用。

a) $n_W = 0$ 时 b) $n_W \neq 0$ 时

图 2-5 液力变矩器工作原理图

当液力变矩器输出的转矩经传动系统传到驱动车轮上,所产生的牵引力足以克服汽车起步阻力时,汽车即起步并开始加速,与之相连的涡轮转速 n_W 也从 0 开始逐渐增加。设液流沿叶片方向流动的相对速度为 w,沿圆周方向运动的牵连速度为 u,设泵轮转速不变,即液流在涡轮出口处的相对速度不变,由图 2-5b) 可见,冲向导轮叶片的液流的绝对速度 v 将随牵连速度 u 的增大而逐渐向左倾斜,使导轮上所受的转矩值逐渐减小,即液力变矩器的转矩放大作用随之减小。

当涡轮转速增大到某一数值,由涡轮流出的液流(图 2-5b 中 v 所示方向)正好沿导轮出口方向冲向导轮时,由于液体流经导轮时方向不改变,故导轮转矩 M_D 为零,于是涡轮转矩与泵轮转矩相等,即 $M_W = M_B$。

若涡轮转速 n_W 继续增大,液流绝对速度 v 方向继续向左倾,导轮转矩方向与泵轮转矩方向相反,则涡轮转矩为前二者转矩之差($M_W = M_B - M_D$),即液力变矩器输出转矩反而比输入转矩小,当涡轮转速增大到与泵轮转速相等时,工作液在循环圆中的循环流动停止,将不能传递动力。

3 液力变矩器特性

液力变矩器在泵轮的转速 n_B 及转矩 M_B 不变的条件下,变矩比 K、传动效率 η 与转速比 i 之间的变化规律,即为液力变矩器特性,可用图 2-6 表示。

图 2-6　液力变矩器特性(n_W = 常数)

液力变矩器输出转速(即涡轮转速 n_W)与输入转速(即泵轮转速 n_B)之比称为液力变矩器的转速比,用 i 表示,$i = n_W/n_B \leq 1$。

液力变矩器输出转矩(即涡轮转矩 M_W)与输入转矩(即泵轮转矩 M_B)之比称为液力变矩器的变矩比,用 K 表示,即 $K = M_W/M_B$。

液力变矩器的传动效率为输入功率与输出功率之比,即 $\eta = P_W/P_B = Ki \leqslant 1$。

从液力变矩器特性中可以看出,变矩比 K 是随涡轮转速的改变而连续变化的,转速比 i 越大,变矩比 K 越小。当汽车起步、上坡或遇到较大阻力时,如果发动机的转速和负荷不变,这时车速将降低,即涡轮转速降低,于是变矩比相应增大,因而使驱动车轮获得较大的转矩,保证汽车能克服增大的阻力而继续行驶。

从液力变矩器的特性图中可以看出,液力变矩器的传动效率 η 刚开始是随着转速比 i 的增大而增大的,到了耦合点附近达到最大,而后液力变矩器的传动效率随转速比的增加而开始下降,同时液力变矩器的变矩比也小于1,这将影响发动机动力的传递。因此,在液力变矩器中都安装有锁止离合器,当转速比达到耦合点时,锁止离合器工作,将液力变矩器中的泵轮和涡轮刚性地连接到一起,这时液力变矩器的传动效率为100%,涡轮的转矩与泵轮的转矩相等($M_W = M_B$)。

4 耦合工作特性

液力变矩器的变矩特性只有在泵轮与涡轮转速相差较大的情况下才成立,随着涡轮转速的不断提高,从涡轮回流的 ATF 会按顺时针方向冲击导轮。若导轮仍然固定不动,ATF 将会产生涡流,阻碍其自身的运动。为此绝大多数液力变矩器在导轮机构中增设了单向离合器,也称自由轮机构。当涡轮与泵轮转速相差较大时,单向离合器处于锁止状态,导轮不能转动。当涡轮转速达到泵轮转速的85%~90%时(图2-6中所示的耦合点),单向离合器导通,导轮空转,不起导流的作用,液力变矩器的输出转矩不能增加,只能等于泵轮的转矩,此时称为耦合状态。

5 失速特性

液力变矩器失速状态(图2-6中所示的失速点)是指涡轮因负荷过大而停止转动,但泵轮仍保持旋转的现象,此时液力变矩器只有动力输入而没有动力输出,全部输入能量都转化成热能,因此,液力变矩器中的 ATF 温度急剧上升,会对液力变矩器造成严重危害。失速点转速是指涡轮停止转动时的液力变矩器输入转速,该转速大小取决于发动机转矩、液力变矩器的尺寸和导轮、涡轮的叶片角度等。

三、典型液力变矩器

典型的液力变矩器如图2-7所示,主要由泵轮、涡轮、带单向离合器的导轮、液力变矩器壳体、涡轮轴和锁止离合器等组成。下面仅介绍单向离合器和锁止离合器。

第二章 液力变矩器的构造与维修

图 2-7 典型的液力变矩器

1 单向离合器

单向离合器又称为自由轮机构,其功用是实现导轮的单向锁止,即导轮只能顺时针转动而不能逆时针转动,当涡轮与泵轮转速差较大时,单向离合器处于锁止状态,导轮不能转动。当涡轮转速升高到一定程度后,单向离合器导通,即导轮空转,使得液力变矩器不能改变输出转矩,在高速区实现耦合传动。常见的单向离合器有滚柱式及楔块式两种。

图 2-8　楔块式单向离合器的结构

楔块式单向离合器的结构和工作原理如图 2-8 和图 2-9 所示,该单向离合器由内座圈、外座圈、楔块、保持架等组成。单向离合器内外座圈组成的滚道宽度是均匀的,采用不均匀形状的楔块,楔块的大端长度(L_2)大于滚道宽度(L),楔块的小端长度(L_1)小于滚道宽度(L)。内座圈固定,当外座圈顺时针旋转时,带动楔块顺时针旋转,因 $L_1 < L$,外座圈可相对楔块和内座圈旋转;反之,当外座圈逆时针旋转时,带动楔块也逆时针旋转,因 $L_2 > L$,楔块阻止外座圈旋转。

图 2-9　楔块式单向离合器的工作原理

滚柱式单向离合器的结构和工作原理如图 2-10 所示,它由内座圈、外座圈、滚柱、叠片弹簧等组成。内座圈固定,当外座圈顺时针转动时,滚柱进入楔形槽的宽处,内、外座圈不能被滚柱楔紧,外座圈可以顺时针自由转动;当外座圈逆时针转动时,滚柱进入楔形槽的窄处,内、外座圈被滚柱楔紧,外座圈固定不动。

2 锁止离合器

锁止离合器(Torque Converter Clutch,TCC)可以将泵轮和涡轮直接连接起来,即将发动机输出端与齿轮变速机构的输入轴(涡轮轴)直接连接起来,这样减少液力变矩器在高速比时的能量损耗,提高了传动效率,提高汽车在正常行驶时的燃油经济性,并防止 ATF 过热。锁止离合器的结构和工作原理如图 2-11 所示。

图 2-10 滚柱式单向离合器

a)锁止离合器分离状态　　b)锁止离合器接合状态

图 2-11 锁止离合器的结构和工作原理

当车辆在良好路面行驶,并满足下面 5 个条件时,锁止离合器才能接合:
(1)冷却液温度不低于 65°。
(2)换挡杆处于 D 位,且挡位在 D_2、D_3 或 D_4 挡。
(3)没有踩下制动踏板。
(4)车速高于 56km/h。
(5)节气门开启。

当车辆起步、低速或在坏路面上行驶时,应将锁止离合器分离,使液力变矩器具有变矩作用。此时 ATF 流至锁止离合器的前端,锁止离合器片前端与后端的压力相同,使锁止离合器分离;当车辆以中速至高速行驶时,ATF 流至锁止离合器的后端,使锁止离合器片与前盖贴紧并一起转动,此时发动机的动力经液力变矩器壳体、锁止离合器、涡轮轮毂传给后面的齿轮变速机构的输入轴(涡轮轴),相当于将泵轮和涡轮刚性连接在一起,此时液力变矩器的传动效率为100%。

第二节　液力变矩器的维修

一、实训器材

(1)车辆:丰田卡罗拉乘用车的 U341E 型自动变速器。
(2)普通工具:组合扳手、螺丝刀、扭力扳手、高压气枪。
(3)专用工具:SST 09350-32014(09351-32010,09351-32020)。
(4)其他:油盆、丰田原厂 ATF WS。

二、准备工作

(1)将工位清理干净。
(2)准备好相关的器材。

三、操作步骤

液力变矩器单向离合器的检查

(1)如图 2-12 所示,固定 SST 09350-32014(09351-32010,09351-32020),使其正好置于液力变矩器毂的槽口和单向离合器外座圈的槽口处。

(2)如图 2-13 所示,竖直放置液力变矩器并转动 SST 09350-32014(09351-32010,09351-32020),检查并确定其顺时针旋转时运转平稳,而逆时针旋转时被锁止。如有必要,则清洁液力变矩器并检查单向离合器。如果单向离合器的工作情况仍不符合规定,则更换液力变矩器。

图 2-12　单向离合器的检查(一)

图 2-13　单向离合器的检查(二)

第二章 液力变矩器的构造与维修

2 液力变矩器总成状态的检查

检查并确认液力变矩器总成应符合下列状态：

(1) 失速测试或换挡杆置于 N 位时，液力变矩器离合器未发出金属声。

(2) 单向离合器在一个方向可转动，而在另一方向锁止。

(3) ATF 中的粉末量不多于图 2-14 所示中的样例显示量。

> **注意**：样图显示，从拆下的液力变矩器中取出约 0.25L 的 ATF。

3 液力变矩器中 ATF 的更换

如果 ATF 变色或有恶臭味，摇动液力变矩器使其中的 ATF 四处流动。使液力变矩器的安装面朝上，排空 ATF。

4 ATF 冷却器和 ATF 管路的清洁和检查

(1) 如果已检查液力变矩器或已更换 ATF，则清洗 ATF 冷却器和 ATF 管路，如图 2-15 所示。

> **注意**：从进油软管中注入 196kPa 的压缩空气。如果在 ATF 中发现了过量的细粉末，则用斗式泵添加新 ATF 并再次进行清洗。

图 2-14 ATF 中粉末量的检查

图 2-15 清洁并检查 ATF 冷却器和 ATF 管路

(2) 如果 ATF 混浊不清，检查 ATF 冷却器（散热器）。

小结

1. 液力变矩器位于发动机和自动变速器齿轮变速机构之间，以自动变速器油(ATF)为工作介质,主要完成传递转矩、无级变速、自动离合、驱动油泵等功用。

2. 典型的液力变矩器主要由泵轮、涡轮、带单向离合器的导轮、液力变矩器壳体、涡轮轴和锁止离合器等组成。

3. 单向离合器又称为自由轮机构,其功用是实现导轮的单向锁止,即导轮只能顺时针转动而不能逆时针转动。常见的单向离合器有滚柱式及楔块式两种。

4. 锁止离合器可以将泵轮和涡轮直接连接起来,即将发动机输出端与齿轮变速机构的输入轴(涡轮轴)直接连接起来,这样减少液力变矩器在高速比时的能量损耗,提高了传动效率,提高汽车在正常行驶时的燃油经济性,并防止ATF过热。

5. 液力变矩器常见的维修项目包括液力变矩器单向离合器的检查、液力变矩器总成状态的检查、液力变矩器中ATF的更换、ATF冷却器和ATF管路的清洁和检查等。

复习思考题

一、选择题

1. 在自动变速器中,液力变矩器的工作原理就像两台对置的电风扇,一台电风扇接通电源,另一台电风扇不接电源。那么通电电风扇与不通电电风扇分别相当于液力变矩器中的哪些部件(　　)。

　　A. 泵轮与涡轮　　　　B. 导轮与涡轮　　　　C. 泵轮与导轮

2. 自动变速器的油泵,是被(　　)驱动的。

　　A. 液力变矩器外壳　　B. 导轮　　　　　　　C. 从泵轮抛向涡轮的油流

3. 液力变矩器中的涡轮与(　　)部件连接。

　　A. 导轮

　　B. 泵轮

　　C. 自动变速器齿轮变速机构输入轴

4. 在自动变速器中,当液力变矩器的泵轮和涡轮转速差值越大时,则(　　)。

　　A. 输出转矩越大　　　B. 输出转矩越小　　　C. 输出转矩不变

5. 在液力变矩器输出轴处于增矩工况下,液力变矩器中的导轮处于(　　)状态。

　　A. 自由　　　　　　　B. 锁止　　　　　　　C. 与涡轮同速

二、判断题

1. 液力变矩器使用涡轮、泵轮和导轮来工作的。（　　）
2. 液力变矩器中单向离合器使导轮可以朝逆时针方向旋转,但不能朝顺时针方向旋转。（　　）
3. 液力变矩器的锁止离合器的作用是把导轮锁定,以提高传动效率。（　　）
4. 液力变矩器中的单向离合器由液压系统控制其分离或锁止。（　　）
5. 对于装备自动变速器的车辆,当冷却液温度低于65℃时,液力变矩器的锁止离合器不能进入锁止工况。（　　）

三、简答题

1. 液力变矩器有哪些功用？
2. 液力变矩器由哪些主要部件组成？
3. 简述单向离合器的作用和工作原理。
4. 锁止离合器的作用是什么？简述其工作原理。

第三章
自动变速器齿轮变速机构的构造与维修

学习目标

1. 掌握单排行星齿轮变速机构组成和工作原理；
2. 掌握离合器的结构特点和工作原理；
3. 掌握制动器的结构特点和工作原理；
4. 掌握辛普森式行星齿轮变速机构组成及动力传递路线；
5. 掌握拉威娜式行星齿轮变速机构组成及动力传递路线；
6. 熟悉辛普森式行星齿轮自动变速器齿轮变速机构拆解、检查和装配方法。

第一节 齿轮变速机构的构造与工作原理

液力变矩器可以在一定范围内自动无级地改变转矩和传动比，以适应行驶阻力的变化，但变矩比小，不能完全满足汽车使用的要求，必须与齿轮变速机构组合使用，扩大传动比的变化范围，才能满足汽车行驶的要求。自动变速器的齿轮变速机构主要形式有行星齿轮变速机构和平行轴齿轮变速机构，目前，绝大多数自动变速器多采用行星齿轮变速机构与液力变矩器配合使用。换挡执行元件根据自动变速器电子控制系统的命令来接合或分离、制动或放松行星齿轮变速机构的某个元件，通过改变动力传递路线得到不同的传动比。按行星齿轮变速机构结构形式的不同，又可分为辛普森式行星齿轮变速机构和拉威娜式行星齿轮变速机构。

一、单排行星齿轮变速机构

如图3-1所示，单排行星齿轮变速机构主要由一个太阳轮（又称为中心轮）、一个带有若干个行星齿轮的行星架和一个齿圈组成。

齿圈又称为齿环,制有内齿。太阳轮位于行星齿轮变速机构的中心,行星齿轮与太阳轮外啮合,与齿圈内啮合。通常行星齿轮有3~6个,通过滚针轴承安装在行星齿轮轴上,行星齿轮轴对称、均匀地安装在行星架上。行星齿轮变速机构工作时,行星齿轮除了绕自身轴线的自转外,同时还绕着太阳轮公转,行星架也绕太阳轮旋转。由于太阳轮与行星齿轮是外啮合,所以两者的旋转方向是相反的;而行星齿轮与齿圈是内啮合,则这两者的旋转方向是相同的。

图 3-1　单排行星齿轮机构

根据能量守恒定律,由作用在单排行星齿轮变速机构各元件上的力矩和结构参数,可以得出表示单排行星齿轮变速机构运动规律的特性方程式为:

$$n_1 + \alpha n_2 - (1+\alpha)n_3 = 0$$

式中,n_1 为太阳轮转速;n_2 为齿圈转速;n_3 为行星架转速;α 为齿圈齿数 z_2 与太阳轮齿数 z_1 之比,即 $\alpha = z_2/z_1$,且 $\alpha > 1$。

由于一个方程有三个变量,如果将太阳轮、齿圈和行星架中某个元件作为主动(输入)元件,让另一个元件作为从动(输出)元件,则由于第三个元件不受任何约束和限制,所以从动元件的运动是不确定的。因此,为了得到确定的运动,必须对太阳轮、齿圈和行星架三者中的某个元件的运动进行约束和限制。

如图 3-2 所示,通过对不同的元件进行约束和限制,可以得到不同的动力传动方式。

(1)齿圈为主动元件(输入),行星架为从动元件(输出),太阳轮固定,如图 3-2a)所示。此时,$n_1 = 0$,则传动比 i_{23} 为:

$$i_{23} = n_2/n_3 = 1 + 1/\alpha > 1$$

由于传动比大于1,说明为减速传动,可以作为降速挡。

(2)行星架为主动元件(输入),齿圈为从动元件(输出),太阳轮固定,如

图3-2b）所示。此时，$n_1 = 0$，则传动比 i_{32} 为：

$$i_{32} = n_3/n_2 = \alpha/(1+\alpha) < 1$$

由于传动比小于1，说明为增速传动，可以作为超速挡。

（3）太阳轮为主动元件（输入），行星架为从动元件（输出），齿圈固定，如图3-2c）所示。此时，$n_2 = 0$，则传动比 i_{13} 为：

$$i_{13} = n_1/n_3 = 1 + \alpha > 1$$

由于传动比大于1，说明为减速传动，可以作为降速挡。

对比这两种情况的传动比，由于 $i_{13} > i_{23}$，虽然都为降速挡，但 i_{13} 是降速挡中的低挡，而 i_{23} 为降速挡中的高挡。

（4）行星架为主动元件（输入），太阳轮为从动元件（输出），齿圈固定，如图3-2d）所示。此时，$n_2 = 0$，则传动比 i_{31} 为：

$$i_{31} = n_3/n_1 = 1/(1+\alpha) < 1$$

由于传动比小于1，说明为增速传动，可以作为超速挡。

（5）太阳轮为主动元件（输入），齿圈为从动元件（输出），行星架固定，如图3-2e）所示。此时，$n_3 = 0$，则传动比 i_{12} 为：

$$i_{12} = n_1/n_2 = -\alpha$$

由于传动比为负值，说明主、从动元件的旋转方向相反；又由于 $|i_{12}| > 1$，说明为减速传动，可以作为倒挡。

图3-2 单排行星齿轮变速机构的动力传动方式

(6)如果 $n_1 = n_2$,则可以得到 $n_3 = n_1 = n_2$。同样,$n_1 = n_3$ 或 $n_2 = n_3$ 时,均可以得到 $n_1 = n_2 = n_3$ 的结论。因此,若使太阳轮、齿圈和行星架3个元件中的任何两个元件连为一体转动,则另一个元件的转速必然与前两者等速同向转动。即行星齿轮变速机构中所有元件(包含行星齿轮)之间均无相对运动,传动比 $i = 1$,这种传动方式用于变速器的直接挡传动。

(7)如果太阳轮、齿圈和行星架3个元件没有任何约束,则各元件的运动是不确定的,此时为空挡。

自动变速器一般是采用2~3排行星齿轮变速机构传递动力,其各挡传动比就是根据上述单排行星齿轮变速机构传动特点进行合理组合得到的。

二、单排双级行星齿轮变速机构

单排双级行星齿轮变速机构如图3-3所示。设太阳轮、齿圈和行星架的转速分别为 n_1、n_2 和 n_3,齿数分别为 Z_1、Z_2 和 Z_3,齿圈与太阳轮的齿数比为 α,则其运动规律为:

$$n_1 - \alpha n_2 + (\alpha - 1)n_3 = 0$$

图3-3 单排双级行星齿轮变速机构

单排双级行星齿轮变速机构的运动分析与单排行星齿轮变速机构相同。

第二节 换挡执行元件的构造与工作原理

自动变速器的换挡执行元件包括离合器、制动器和单向离合器。离合器和制动器以液压方式控制行星齿轮变速机构的元件,单向离合器的作用是以机械方式对行星齿轮变速机构的元件进行锁止,使某一元件只能按一定方向旋转,而在另一方向上锁止。单向离合器的结构、工作原理与液力变矩器中导轮单向离合器相同,此处不作介绍。

一、离合器

离合器的功用是连接轴和行星齿轮变速机构中的元件或是连接行星齿轮变速机构中的不同元件。

1 离合器的结构

离合器主要由离合器鼓、花键毂、活塞、主动摩擦片、从动钢片、复位弹簧等组成,如图3-4所示。

图3-4 离合器结构图

离合器鼓是一个液压缸,离合器鼓内有内花键齿圈,内圆轴颈上有进油孔与控制油路相通。离合器活塞为环状,内外圆上有密封圈,安装在离合器鼓内。从动钢片和主动摩擦片交错排列,两者统称为离合器片,均使用钢料制成,但主动摩擦片的两面烧结有铜基粉末冶金的摩擦材料。为保证离合器接合柔和及散热良好,离合器片浸在ATF中工作,因而称为湿式离合器。从动钢片带有外花键齿,与离合器鼓的内花键齿圈连接,并可轴向移动,主动摩擦片则以内花键齿与花键毂的外花键槽配合,也可作轴向移动。花键毂和离合器鼓分别以一定的方式与自动变速器输入轴或行星齿轮变速机构的元件相连接。碟形弹簧的作用是使离合器接合柔和,防止换挡冲击,可以通过调整卡环或压盘的厚度调整离合器的间隙。

2 离合器工作原理

离合器的工作原理如图3-5所示。

当一定压力的ATF经控制油道进入活塞左面的液压缸时,液压作用力便克服弹簧力使活塞右移,将所有离合器片压紧,即离合器接合,与离合器主、从动部分相连的元件也被连接在一起,以相同的速度旋转。

a)分离状态   b)接合状态

图 3-5　离合器工作原理

当离合器液压缸的油压被撤除后,离合器活塞在复位弹簧的作用下回复原位,并将缸内的 ATF 从进油孔排出,使离合器分离,离合器主、从动部分可以不同转速旋转。

为了快速排除掉 ATF,保证离合器彻底分离,一般在液压缸中都有一个止回球阀,如图 3-6 所示,球体会在离心力的作用下离开阀座,开启辅助泄油通道,使 ATF 迅速排出。

a)接合时   b)分离时

图 3-6　带止回球阀的离合器

二、制动器

制动器的功用是固定行星齿轮变速机构中的元件,防止其转动。制动器有片式和带式两种形式。

片式制动器

片式制动器与离合器的结构和原理相同,不同之处是离合器是通过连接起传递动力作用,而片式制动器是通过连接起制动作用。片式制动器的结构如图 3-7 所示。

片式制动器的工作原理如图 3-8 所示。当活塞受到控制油压的作用时,活塞在活塞缸内运动,使摩擦片与钢片相互接触,其结果是在每个摩擦片与钢片之间产生很大的摩擦力,使行星齿轮变速机构某一元件或单向离合器锁定在自动变速器壳体上;当控制油压降低时,由于复位弹簧的作用,活塞移动至原位,使该元件制动解除。

图 3-7 片式制动器的结构

图 3-8 片式制动器的工作原理

2 带式制动器

带式制动器由制动带和控制油缸等组成,图 3-9 所示为带式制动器的零件分解图。制动带是内表面带有镀层的开口式环形钢带,制动带的一端固定在与自动变速器壳体固连的支座上,另一端与控制油缸的活塞杆相连。

制动器的工作原理如图 3-10 所示,制动带开口处的一端通过支柱支撑于固定在自动变速器壳体的调整螺钉上,另一端支撑于油缸活塞杆端部,活塞在复位弹簧和左腔油压作用下位于右极限位置,此时,制动带和制动鼓之间存在一定间隙。

制动时,ATF 进入活塞右腔,克服左腔油压和复位弹簧的作用力推动活塞左移,制动带以固定支座为支点收紧。在制动力矩的作用下,制动鼓停止旋转,行星齿轮变速机构某元件被锁止。随着油压撤除,活塞逐渐复位,制动解除。若仅依靠弹簧张力,则活塞复位速度较慢。目前,大多数制动器设置了左腔进油道,在右腔撤除油压的同时,左腔进油,活塞在油压和复位弹簧的共同作用下复位,可迅速解除制动。

如图 3-11 所示为间接作用式伺服装置,活塞杆通过杠杆控制推杆的动作,由于采用杠杆结构将活塞作用力放大,制动力矩进一步增加。

图 3-9 带式制动器的零件分解图

图 3-10 制动器的工作原理　　　图 3-11 间接作用式伺服装置

第三节　典型行星齿轮变速机构的构造与工作原理

一、辛普森式行星齿轮变速机构

辛普森式(Simpson)行星齿轮变速机构是以其设计者美国福特公司的工程师霍华德·辛普森的名字命名。如图 3-12 所示,辛普森 I 型行星齿轮变速机构是由两个单排行星齿轮组连接而成的一种双排行星齿轮变速机构,其结构特点是:前、后两个行星齿轮变速机构共用一个太阳轮。辛普森 II 型行星齿轮变速机构是在辛普森Ⅰ型行星齿轮变速机构的基础上加以改变而得来的。丰田、日产、福特等公司生产的自动变速器大量采用此结构。

图 3-12　辛普森式行星齿轮变速机构原理图

■ 辛普森Ⅰ型行星齿轮变速机构

1) 结构和组成

图 3-13 和图 3-14 所示为典型四挡辛普森Ⅰ型行星齿轮变速机构的结构简图和元件位置图。

图 3-13　四挡辛普森（Ⅰ型）行星齿轮变速机构的结构简图

1-超速(OD)行星排行星架；2-超速(OD)行星排行星齿轮；3-超速(OD)行星排齿圈；4-前行星排行星架；5-前行星排行星齿轮；6-后行星排行星架；7-后行星排行星齿轮；8-输出轴；9-后行星排齿圈；10-前、后行星排太阳轮；11-前行星排齿圈；12-中间轴；13-超速(OD)行星排太阳轮；14-输入轴；C_0-超速挡(OD)离合器；C_1-前进挡离合器；C_2-直接挡、倒挡离合器；B_0-超速挡(OD)制动器；B_1-二挡滑行制动器；B_2-二挡制动器；B_3-低挡、倒挡制动器；F_0-超速挡(OD)单向离合器；F_1-二挡(一号)单向离合器；F_2-低挡(二号)单向离合器

图 3-14 四挡辛普森 I 型行星齿轮变速机构的元件位置图

四挡辛普森 I 型行星齿轮变速机构由三排行星齿轮变速机构组成,前面一排为超速行星排,中间一排为前行星排,后面一排为后行星排,之所以这样命名是由于四挡辛普森式行星齿轮变速机构是在三挡辛普森式行星齿轮变速机构的基础上发展起来的,沿用了三挡辛普森式行星齿轮变速机构的命名。输入轴与超速行星排的行星架相连,超速行星排的齿圈与中间轴相连,中间轴通过前进挡离合器或直接挡、倒挡离合器与前、后行星排相连。前、后行星排的结构特点是共用一个太阳轮,前行星排的行星架与后行星排的齿圈相连并与输出轴相连。

换挡执行机构包括 3 个离合器、4 个制动器和 3 个单向离合器共 10 个元件,具体的功能见表 3-1。

换挡执行元件的功能 表 3-1

换挡执行元件		功　能
C_0	超速挡(OD)离合器	连接超速行星排太阳轮与超速行星排行星架
C_1	前进挡离合器	连接中间轴与前行星排齿圈
C_2	直接挡、倒挡离合器	连接中间轴与前、后行星排太阳轮
B_0	超速挡(OD)制动器	制动超速行星排太阳轮
B_1	二挡滑行制动器	制动前、后行星排太阳轮
B_2	二挡制动器	制动 F_1 外座圈,当 F_1 也起作用时,可以防止前、后行星排太阳轮逆时针转动
B_3	低挡、倒挡制动器	制动后行星排行星架
F_0	超速挡(OD)单向离合器	连接超速行星排太阳轮与超速行星排行星架
F_1	二挡(一号)单向离合器	当 B_2 工作时,防止前、后行星排太阳轮逆时针转动
F_2	低挡(二号)单向离合器	防止后行星排行星架逆时针转动

2）各挡的动力传递路线

在自动变速器各挡位时，换挡执行元件的动作情况见表3-2。

各挡位时换挡执行元件的动作情况　　　　表3-2

换挡杆位置	挡　位	换挡执行元件										发动机制动
		C_0	C_1	C_2	B_0	B_1	B_2	B_3	F_0	F_1	F_2	
P	驻车挡	○										
R	倒挡	○		○				○	○			
N	空挡	○										
D	一挡	○	○						○		○	
D	二挡	○	○				○		○	○		
D	三挡	○	○	○					○			
D	四挡（OD挡）		○	○	○							
2	一挡	○	○						○		○	
2	二挡	○	○			○	○		○	○		○
2	三挡*	○	○	○		○			○			○
L	一挡	○	○					○	○		○	○
L	二挡*	○	○			○	○		○	○		○

注：*——只能降挡不能升挡；

　　○——换挡元件工作或有发动机制动。

（1）D位一挡。如图3-15所示，D位一挡时，C_0、C_1、F_0、F_2工作。C_0和F_0工作，将超速行星排的太阳轮和行星架相连，此时超速行星排成为一个刚性整体，输入轴的动力顺时针传到中间轴。C_1工作，将中间轴与前行星排齿圈相连，前行星排齿圈顺时针转动驱动前行星排行星齿轮转动，前行星排行星齿轮即顺时针自转又顺时针公转，前行星排行星齿轮顺时针公转则输出轴也顺时针转动，这是一条动力传递路线。由于前行星排行星齿轮顺时针自转，则前、后行星排太阳轮逆时针转动，再驱动后行星排行星齿轮顺时针自转，此时后行星排行星齿轮在前、后行星排太阳轮的作用下有逆时针公转的趋势，但由于F_2的作用，使得后行星排行星架不动,这样顺时针转动的后行星排行星齿轮驱动齿圈顺时针转动,从输出轴也输出动力,这是第二条动力传递路线。

图 3-15　D 位一挡动力传递路线

(2) D 位二挡。如图 3-16 所示,D 位二挡时,C_0、C_1、B_2、F_0、F_1 工作。C_0 和 F_0 工作,如前所述直接将动力传给中间轴。C_1 工作,动力顺时针传到前行星排齿圈,驱动前行星排行星齿轮顺时针转动,并使前、后太阳轮有逆时针转动的趋势,由于 B_2 的作用,F_1 将防止前、后太阳轮逆时针转动,即前、后太阳轮不动。此时前行星排行星齿轮将带动行星架也顺时针转动,从输出轴输出动力。后行星排不参与动力的传动。

图 3-16　D 位二挡动力传递路线

(3) D 位三挡。如图 3-17 所示,D 位三挡时,C_0、C_1、C_2、B_2、F_0 工作。C_0 和 F_0 工作,如前所述直接将动力传给中间轴。C_1、C_2 工作,将中间轴与前行星排的齿圈和太阳轮同时连接起来,前行星排成为刚性整体,动力直接传给前行星排行星架,从输出轴输出动力。此挡为直接挡。

图3-17　D位三挡动力传递路线

（4）D位四挡。如图3-18所示，D位四挡时，C_1、C_2、B_0、B_2工作。B_0工作，将超速行星排太阳轮固定，动力由输入轴输入，带动超速行星排行星架顺时针转动，并驱动行星齿轮及齿圈都顺时针转动，此时的传动比小于1。C_1、C_2工作，使得前、后行星排的工作同D位三挡，即处于直接挡，所以整个机构以超速挡传递动力。B_2的作用同前所述。

图3-18　D位四挡动力传递路线

（5）2位一挡。2位一挡的工作与D位一挡相同。

（6）2位二挡。如图3-19所示，2位二挡时，C_0、C_1、B_1、B_2、F_0、F_1工作。动力传递路线与D位二挡时相同。区别只是由于B_1的工作，使得2位二挡有发动机制动，而D位二挡没有。此挡为高速发动机制动挡。

图3-19　2位二挡动力传递路线

发动机制动是指利用发动机怠速时的较低转速以及自动变速器的较低挡位来使车辆减速。D位二挡时,如果驾驶人抬起加速踏板,发动机进入怠速工况,而汽车在原有的惯性作用下仍以较高的车速行驶。此时,驱动车轮将通过自动变速器的输出轴反向带动行星齿轮变速机构运转,各元件都将以相反的方向转动,即前、后行星排的太阳轮将有顺时针转动的趋势,F_1不起作用,使得反传的动力不能到达发动机,无法利用发动机进行制动。而在2位二挡时,B_1工作使得前、后行星排的太阳轮固定,既不能逆时针转动也不能顺时针转动,这样反传的动力就可以传到发动机,所以有发动机制动。

（7）2位三挡。2位三挡的工作与D位三挡相同。

（8）L位一挡。如图3-20所示,L位一挡时,C_0、C_1、B_3、F_0、F_2工作。动力传递路线与D位一挡时相同。区别只是由于B_3的工作,使后行星排行星架固定,有发动机制动,原因同前所述,此挡为低速发动机制动挡。

图3-20　L位一挡动力传递路线

（9）L位二挡。L位二挡的工作与2位二挡相同。

（10）R位（倒挡）。如图3-21所示,倒挡时,C_0、C_2、B_3、F_0工作。C_0和F_0工

作,如前所述直接将动力传给中间轴。C_2 工作,将动力传给前、后行星排太阳轮。由于 B_3 工作,将后行星排行星架固定,使得行星齿轮仅相当于一个惰轮。前、后行星排太阳轮顺时针转动驱动后行星排行星齿轮逆时针转动,进而驱动后行星排齿圈也逆时针转动,从输出轴逆时针输出动力。

图 3-21 R 位动力传递路线

(11) P 位(驻车挡)。换挡杆置于 P 位时,一般自动变速器都是通过驻车锁止机构将自动变速器输出轴锁止,实现驻车。如图 3-22 所示,驻车锁止机构由输出轴外齿圈、锁止棘爪、锁止凸轮等组成。锁止棘爪与固定在自动变速器壳体上的枢轴相连。当换挡杆处于 P 位时,与换挡杆相连的手动阀通过锁止凸轮将锁止棘爪推向输出轴外齿圈,并嵌入齿中,使自动变速器输出轴与壳体相连而无法转动,如图 3-22b)所示。当换挡杆处于其他位置时,锁止凸轮退回,锁止棘爪在复位弹簧的作用离开输出轴外齿圈,锁止撤销,如图 3-22a)所示。

a)锁止撤销　　b)锁止

图 3-22 驻车锁止机构
1-输出轴外齿圈;2-输出轴;3-锁止棘爪;4-锁止凸轮

2 辛普森Ⅱ型行星齿轮变速机构

1）结构和组成

丰田卡罗拉乘用车配备的 U341E 型自动变速器（辛普森Ⅱ型）采用了 CR-CR 式行星齿轮变速机构，即将两组单行星排的行星架 C(Planet Carrier)和齿圈 R(Gear Ring)分别组配，该行星齿轮变速机构仅有 4 个独立元件（前太阳轮、后太阳轮、前行星架和后齿圈组件、前齿圈和后行星架组件），其特点是变速比大、效率高、元件轴转速低。

U341E 型自动变速器行星齿轮变速机构的结构如图 3-23 所示，主要部件的功能见表 3-3，各换挡执行元件的工作情况见表 3-4。

图 3-23　U341E 型自动变速器行星齿轮变速机构的结构

主要部件功能　　　　　　　　　　　　　　　　表 3-3

部件		功能
C_1	前进挡离合器	连接输入轴和前太阳轮
C_2	直接离合器	连接输入轴和后行星架/前齿圈组件
C_3	倒挡离合器	连接输入轴和后太阳轮
B_1	OD 挡和二挡制动器	制动后太阳轮
B_2	二挡制动器	制动 F_1 的外圈
B_3	一挡和倒挡制动器	制动后行星架/前齿圈组件
F_1	1 号单向离合器	与 B_2 配合，阻止后太阳轮逆时针转动

续上表

部件		功能
F₂	2号单向离合器	阻止后行星架/前齿圈组件逆时针转动
前排行星齿轮组		根据各换挡执行元件的工作情况,改变齿轮动力传递路线,以升高或降低输出转速
后排行星齿轮组		
中间轴主、从动齿轮		将动力传递给差速器,并改变传动方向,降低输出转速

各换挡执行元件的工作情况 表3-4

换挡杆位置	挡位	离合器			制动器			单向离合器	
		C_1	C_2	C_3	B_1	B_2	B_3	F_1	F_2
P	驻车挡								
R	倒挡			○			○		
N	空挡								
D	一挡	○							○
	二挡	○				○		○	
	三挡	○	○						
	四挡		○		○	○	○		
3	一挡	○							○
	二挡	○				○		○	
	三挡	○	○						
2	一挡	○							○
	二挡	○				○		○	
L	一挡	○					○		○

注:○表示工作。

2)各挡的动力传递路线

(1)一挡。换挡杆处于"D""3"和"2"位置的一挡时,参与工作的换挡执行元

件有 C_1、F_2，动力传递路线如图3-24所示。一挡时动力传递发生在前排行星齿轮组，F_2 阻止前齿圈逆时针（逆输入轴的旋转方向）转动，此时，后排行星齿轮组没有元件被约束，因此，处于空转状态，动力传递路线如下：

输入轴→C_1→前太阳轮→前行星齿轮→前行星架→中间轴主、从动齿轮→动力输出

图3-24　一挡动力传递路线

放松加速踏板时，前行星架转速高（接驱动车轮），前太阳轮转速低（接发动机），使前齿圈试图被带动加速顺着前行星架（前太阳轮）的旋转方向转动。由于单向离合器 F_2 不阻止前齿圈顺着行星架的旋转方向转动，整个前排行星齿轮组不能反向传递动力，所以无发动机制动效果。

为了实现自动变速器一挡有发动机制动效果，在 L 位置（一挡）时，除了使上述的一挡换挡执行元件工作外，还使 B_3 也工作，使得车辆行驶时，不论是踩下还是放松加速踏板，前排行星齿轮组都有动力传递能力，从而获得发动机制动效果。

（2）二挡。换挡杆处于"D"和"3"位置的二挡时，参与工作的换挡执行元件有 C_1、B_2、F_1，动力传递路线如图3-25所示。二挡时动力传递发生在前、后排2个行星齿轮组，B_2、F_1 联合作用，阻止后太阳轮逆时针方向转动，动力传递路线如下：

输入轴→C_1→前太阳轮→前行星齿轮→前行星架／前齿圈→后行星架／后行星齿轮→后齿圈→中间轴主、从动齿轮→动力输出

图 3-25 二挡动力传递路线

放松加速踏板时,前行星架/后齿圈组件转速高(接驱动车轮),前太阳轮转速低(接发动机),使后行星架/前齿圈组件加速转动,进而使后太阳轮试图被带动加速顺着前行星架(前太阳轮)的旋转方向转动。由于单向离合器 F_1 不阻止后太阳轮顺着行星架的旋转方向转动,整个后排行星齿轮组不能反向传递动力,所以无发动机制动效果。

为了实现自动变速器二挡有发动机制动效果,在"2"位置二挡时,除了使上述的二挡换挡执行元件工作外,还使 B_1 也工作,使得车辆获得发动机制动效果。

(3)三挡。换挡杆处于"D"和"3"位置的三挡时,参与工作的换挡执行元件有 C_1、C_2、B_2,动力传递路线如图 3-26 所示。三挡时,前、后排行星齿轮组互锁于一体旋转,动力传递路线如下:

$$输入轴 \begin{cases} \to C_1 \to 前太阳轮 \\ \to C_2 \to 后行星架 \to 前齿圈 \end{cases} \to 前行星架 \to 中间轴主、从动齿轮 \to 动力输出$$

图 3-26 三挡动力传递路线

由于行星齿轮变速机构的 3 个元件(太阳轮、行星架、齿圈)中有 2 个转速相等(前太阳轮、前齿圈都与输入轴相连),因此,在放松加速踏板时,驱动车轮的动力可以经前行星架传给前太阳轮,所以有发动机制动效果。

(4)四挡。换挡杆处于"D"位置的四挡时,参与工作的换挡执行元件有 C_2、B_1、B_2,动力传递如图 3-27 所示。四挡时动力传递发生在后排行星齿轮组,此时前排行星齿轮组处于空转状态,动力传递路线如下:

输入轴→C_2→后行星架→后行星齿轮→后齿圈→中间轴主、从动齿轮→动力输出

图 3-27　四挡动力传递路线

由于行星齿轮变速机构的 3 个元件(太阳轮、行星架、齿圈)中有 1 个固定(后太阳轮被固定),因此,在放松加速踏板时,驱动车轮的动力可以经后齿圈传给后行星架,所以有发动机制动效果。

(5)R 挡。换挡杆处于"R"位置时,参与工作的换挡执行元件有 C_3、B_3,动力传递路线如图 3-28 所示。R 挡时动力传递发生在后排行星齿轮组,此时前排行星齿轮组处于空转状态,动力传递路线如下:

输入轴→C_3→后太阳轮→后行星齿轮→后齿圈→中间轴主、从动齿轮→动力输出

由于行星齿轮变速机构的 3 个元件(太阳轮、行星架、齿圈)中有 1 个固定(后行星架被固定),因此,在放松加速踏板时,驱动车轮的动力可以经后太阳轮传给后齿圈,所以有发动机制动效果。

二、拉威娜式行星齿轮变速机构

拉威娜式(Ravigneaux)行星齿轮变速机构结构示意图如图 3-29 所示,它是一种双排单、双级复合式行星齿轮变速机构。前、后排共用一个齿圈和一个行星

架。在行星架上,外行星齿轮为长行星齿轮,它与齿圈和太阳轮同时啮合;内行星齿轮为短行星齿轮,它与小太阳轮和长行星齿轮同时啮合。

图3-28　倒挡动力传递路线

图3-29　拉威娜式行星齿轮变速机构结构示意图

结构和组成

拉威娜式行星齿轮自动变速器的结构如图3-30所示。

拉威娜式行星齿轮变速机构的结构如图3-31所示。行星齿轮变速机构由大、小太阳轮各1个,长、短行星齿轮各3个,行星架和齿圈组成。长行星齿轮采用分段式结构,使三挡到四挡的转换更加平顺。短行星齿轮与长行星齿轮及小太阳轮啮合;长行星齿轮同时与大太阳轮、短行星齿轮及齿圈啮合,动力通过齿圈输出。

换挡执行元件主要由离合器、制动器和单向离合器组成。离合器和制动器以液压方式控制行星齿轮变速机构元件的旋转,单向离合器以机械方式对行星齿轮变速机构的元件进行锁止。片式离合器和制动器由阀体(也称为滑阀箱)进行液压控制。离合器K_1用于驱动小太阳轮,离合器K_2用于驱动大太阳轮,离合

器 K_3 用于驱动行星架，制动器 B_1 用于制动行星架，制动器 B_2 用于制动大太阳轮，单向离合器 F 防止行星架逆时针转动。

图 3-30 拉威娜式行星齿轮自动变速器

图 3-31 拉威娜式行星齿轮变速机构的结构

2 各挡的动力传递路线

拉威娜式行星齿轮变速机构简图如图 3-32 所示,其中锁止离合器 LC 可将液力变矩器的泵轮和涡轮刚性连在一起。

图 3-32　拉威娜式行星齿轮变速机构简图

各挡位换挡元件的工作情况见表 3-5。

各挡位换挡元件的工作情况　　　　表 3-5

挡位	B_1	B_2	K_1	K_2	K_3	F
R	○			○		○
一挡			○			○
二挡		○	○			
三挡			○		○	
四挡		○			○	

注:○表示离合器、制动器或单向离合器工作。

(1) 一挡位。一挡时,离合器 K_1 接合,驱动小太阳轮;单向离合器 F 工作,防止行星架逆时针转动。动力传递路线为:泵轮→涡轮→涡轮轴→离合器 K_1→小太阳轮→短行星齿轮→长行星齿轮驱动齿圈。

(2) 二挡。二挡时,离合器 K_1 接合,驱动小太阳轮;制动器 B_2 工作,制动大太阳轮。动力传递路线为:泵轮→涡轮→涡轮轴→离合器 K_1→小太阳轮→短行星齿轮→长行星齿轮围绕大太阳轮转动并驱动齿圈。

(3) 三挡。三挡时,离合器 K_1 和 K_3 接合,同时驱动小太阳轮和行星架,因而使行星齿轮变速机构锁止成一体并一同转动。动力传递路线为:泵轮→涡轮→涡轮轴→离合器 K_1 和 K_3→整个行星齿轮传动机构一同转动,输出动力。

(4) 四挡。四挡时,离合器 K_3 接合,驱动行星架;制动器 B_2 工作,制动大太阳轮。动力传递路线为：泵轮→涡轮→涡轮轴→离合器 K_3→行星架→长行星齿轮围绕大太阳轮转动并驱动齿圈。

(5) R 挡。换挡杆在"R"位置时，离合器 K_2 接合，驱动大太阳轮；制动器 B_1 工作，制动行星架。动力传递路线为：泵轮→涡轮→涡轮轴→离合器 K_2→大太阳轮→长行星齿轮反向驱动齿圈。

第四节　齿轮变速机构的维修

一、实训器材

(1) 车辆：丰田卡罗拉乘用车的 U341E 型自动变速器。

(2) 普通工具：组合扳手、螺丝刀、钳子、扭力扳手、小扭力扳手、高压气枪、锤子、塑料锤、压力机、尖冲头、铜棒。

(3) 专用工具：SST 09387-00070、SST 09930-00010、SST 09387-00120、SST 09950-60010 (09951-00400, 09951-00320, 09952-06010)、SST 09950-70010 (09951-07100)、SST 09950-60010 (09951-00350)、SST 09950-70010 (09951-07150)、SST 09308-10010、SST 09612-65014 (09612-01040)、SST 09950-60010 (09951-00550)、SST 09554-14010、SST 09726-27012 (09726-02041)、SST 09950-60010 (09951-00610)、SST 09950-60020 (09951-00890)、SST 09950-60010 (09951-00220)、SST 09221-25026 (09221-00071)、SST 09223-15030、SST 09527-17011、SST 09950-60010 (09951-00650)、SST 09950-60010 (09951-00480)、SST 09350-36010 (09350-06110)。

(4) 检测工具：百分表、磁性底座、厚薄规、游标卡尺、直尺。

(5) 其他：安放自动变速器的木块、抹布或布条、通用润滑脂、密封胶（丰田原厂密封胶 1281、THREE BOND 1281 或同等产品）、丰田原厂 ATF WS。

二、准备工作

(1) 将工位清理干净。
(2) 准备好相关的器材。

三、操作步骤

丰田卡罗拉乘用车 U341E 型自动变速器的分解图，如图 3-33 ~ 图 3-42 所示。

图 3-33 U341E 型自动变速器的分解图（一）

图 3-34 U341E 型自动变速器的分解图(二)

图 3-35 U341E 型自动变速器的分解图(三)

图3-36 U341E型自动变速器的分解图(四)

图 3-37　U341E 型自动变速器的分解图(五)

图3-38 U341E型自动变速器的分解图(六)

图 3-39　U341E 型自动变速器的分解图（七）

图 3-40 U341E 型自动变速器的分解图(八)

图 3-41　U341E 型自动变速器的分解图(九)

图 3-42 U341E 型自动变速器的分解图(十)

1 U341E 型自动变速器的拆解

U341E 型自动变速器的拆解可参考图 3-33 ~ 图 3-42 进行,也可参考 U341E 型自动变速器的装配相反的顺序进行。

图3-43 检查二挡滑行和超速挡制动盘

2 U341E型自动变速器的检查

（1）检查二挡滑行和超速挡制动盘。如图3-43所示，检查盘、片和凸缘的滑动表面是否有磨损或烧蚀。如有必要，更换它们。

（2）检查二挡制动盘（图3-43）。检查盘、片和凸缘的滑动表面是否有磨损或烧蚀。如有必要，更换它们。

（3）检查一挡和倒挡制动盘。如图3-44所示，检查盘、片和凸缘的滑动表面是否有磨损或烧蚀。如有必要，更换它们。

注意：如果任何盘摩擦衬片剥落或变色，或者印制有标记的部分被损坏，则更换所有盘；组装新盘前，将其浸泡在ATF中至少15min。

（4）检查一挡和倒挡制动器复位弹簧分总成。如图3-45所示，用游标卡尺测量弹簧连同弹簧座的自由长度，标准自由长度：13.96mm。

图3-44 检查一挡和倒挡制动盘

图3-45 检查一挡和倒挡制动器复位弹簧分总成

3 U341E型自动变速器的装配

（1）轴承位置。如图3-46所示，检查轴承位置和安装方向。

（2）检查差速器壳圆锥滚子轴承预紧力。

①在前差速器壳和轴承上涂ATF，并将其安装至自动变速器壳。

②如图3-47所示，用14个螺栓安装自动变速器外壳。螺栓A的拧紧力矩为29N·m；螺栓B的拧紧力矩为22N·m。

③如图3-48所示，用SST和小扭力扳手测量差速器齿轮的预紧力。新的轴承标准预紧力为0.98～1.57N·m；旧的轴承标准预紧力为0.49～0.78N·m。如果预紧力不符合规定，从自动变速器壳上拆下差速器。根据表3-6选择一个新的自动变速器壳侧调整垫片。

图 3-46 自动变速器的装配(一)

图 3-47 自动变速器的装配(二)

图 3-48 自动变速器的装配(三)

调整垫片厚度 表3-6

标　记	厚度(mm)	标　记	厚度(mm)
01	1.90	11	2.40
02	1.95	12	2.45
03	2.00	13	2.50
04	2.05	14	2.55
05	2.10	15	2.60
06	2.15	16	2.65
07	2.20	17	2.70
08	2.25	18	2.75
09	2.30	19	2.80
10	2.35	—	—

(3)安装自动变速器壳油封。

①在新自动变速器壳油封的唇口上涂通用润滑脂。

②如图3-49所示,用SST 09554-14010,09950-70010(09951-07100)和锤子敲入自动变速器壳油封。油封嵌入深度:-0.5~0.5mm。

(4)安装前自动变速器壳油封。

①在新前自动变速器壳油封的唇口上涂通用润滑脂。

②如图3-50所示,用SST 09726-27012(09726-02041),09950-70010(09951-07150)和锤子敲入前自动变速器壳油封。油封嵌入深度:2.2~3.2mm。

图3-49　自动变速器的装配(四)　　图3-50　自动变速器的装配(五)

(5)安装前主动小齿轮后圆锥滚子轴承。

①如图3-51所示,将自动变速器壳1号挡片安装至自动变速器壳。

②如图3-52所示,用SST 09950-60010(09951-00610),09950-70010(09951-

07150)和锤子将前主动小齿轮后圆锥滚子轴承安装至自动变速器壳。

图 3-51　自动变速器的装配(六)　　图 3-52　自动变速器的装配(七)

(6)安装前主动小齿轮前圆锥滚子轴承。

①将推力轴承安装至自动变速器外壳。

②如图 3-53 所示,用 SST 09950-60010(09951-00650)、09950-70010(09951-07150)和压力机将新的前主动小齿轮前圆锥滚子轴承安装至自动变速器外壳。

(7)安装差速器齿轮润滑油供油管。如图 3-54 所示,将差速器齿轮润滑油供油管安装至自动变速器外壳。

图 3-53　自动变速器的装配(八)　　图 3-54　自动变速器的装配(九)

(8)安装轴承锁止板。如图 3-55 所示,用螺栓将轴承锁止板安装至自动变速器外壳,拧紧力矩:11N·m。

(9)安装中间轴主动齿轮孔卡环。如图 3-56 所示,用螺丝刀将中间轴主动齿轮孔卡环安装至自动变速器壳。

图 3-55　自动变速器的装配(十)　　图 3-56　自动变速器的装配(十一)

（10）安装中间轴主动齿轮左侧轴承。如图3-57所示，用SST 09950-60020（09951-00890），09950-70010（09951-07150）和锤子将中间轴主动齿轮左侧轴承外座圈安装至自动变速器壳，将中间轴主动齿轮左侧轴承安装至自动变速器壳。

（11）安装中间轴主动齿轮右侧轴承。如图3-58所示，用SST 09950-60020（09951-00890），09950-70010（09951-07150）和锤子将中间轴主动齿轮右侧轴承外座圈安装至自动变速器壳，将中间轴主动齿轮右侧轴承安装至自动变速器壳。

图3-57　自动变速器的装配（十二）　　　图3-58　自动变速器的装配（十三）

（12）安装手动阀杆轴油封。

①在新手动阀杆轴油封唇口上涂抹一层通用润滑脂。

②如图3-59所示，用SST 09950-60010（09951-00220），09950-70010（09951-07100）和锤子安装新手动阀杆轴油封。油封嵌入深度：-0.5~0.5mm。

（13）安装差速器主动小齿轮。如图3-60所示，用SST 09950-60010（09951-00350），09950-70010（09951-07150）和压力机将差速器主动小齿轮安装至中间轴从动齿轮。

注意：更换中间轴从动齿轮时，同时更换自动变速器壳中的中间轴主动齿轮；压下差速器主动小齿轮直到与中间轴从动齿轮接触。

图3-59　自动变速器的装配（十四）　　　图3-60　自动变速器的装配（十五）

（14）安装差速器主动小齿轮螺塞。如图3-61所示，用SST 09221-25026（09221-00071）和塑料锤将新的差速器主动小齿轮螺塞安装至差速器主动小齿轮。标准间隙:2.5~3.5mm。

(15)安装中间轴从动齿轮。如图3-62所示,将中间轴从动齿轮和主动小齿轮推力轴承安装至自动变速器壳。

(16)安装驻车锁爪。

①在驻车锁爪轴上涂ATF。

②如图3-63所示,将驻车锁爪、驻车锁爪轴扭力弹簧和驻车锁爪轴安装至自动变速器壳。

注意:检查并确认驻车锁爪移动平稳。

图3-62 自动变速器的装配(十七)

图3-61 自动变速器的装配(十六)　　图3-63 自动变速器的装配(十八)

(17)安装手动阀杆轴。如图3-64所示,将手动阀杆轴安装至自动变速器壳。

注意:切勿损坏油封唇口。

(18)安装驻车锁杆分总成。如图3-65所示,将驻车锁杆安装至手动阀杆。

图3-64 自动变速器的装配(十九)　　图3-65 自动变速器的装配(二十)

(19)安装手动阀杆分总成。

①在手动阀杆分总成上涂ATF。

②将手动阀杆和新的手动阀杆隔套安装至手动阀杆轴。

③如图3-66所示,用尖冲头和锤子将销敲入。

④如图3-67所示,转动隔套和杆轴,使定位小孔与杆轴上的锁紧位置标记对齐。

图3-66 自动变速器的装配（二十一）

图3-67 自动变速器的装配（二十二）

⑤使用一个尖冲头,通过小孔锁紧隔套。

⑥检查并确认隔套没有转动。

(20)安装手动阀杆轴止动弹簧。如图3-68所示,将手动阀杆轴止动弹簧安装至手动阀杆轴。

(21)安装驻车锁爪支架。如图3-69所示,用3个螺栓将驻车锁爪支架、驻车锁杆和凸轮导向装置安装至自动变速器壳,拧紧力矩:20N·m。

图3-68 自动变速器的装配（二十三）

图3-69 自动变速器的装配（二十四）

(22)安装中间轴主动齿轮。如图3-70所示,用SST 09223-15030,09527-17011,09950-60010(09951-00650),09950-70010(09951-07150)和压力机将中间轴主动齿轮安装至自动变速器壳。

(23)安装行星齿轮总成。如图3-71所示,用SST 09950-60010(09951-00480),09223-15030,09527-17011,09950-70010(09951-07150)和压力机将行星齿轮总成安装至自动变速器壳。

(24)安装中间轴主动齿轮螺母。

①如图3-72所示,用驻车锁爪固定中间轴从动齿轮。

②如图 3-73 所示,用 SST 09387-00120 安装新的锁紧垫圈和螺母,拧紧力矩:280N·m。

图 3-70　自动变速器的装配（二十五）

图 3-71　自动变速器的装配（二十六）

图 3-72　自动变速器的装配（二十七）

图 3-73　自动变速器的装配（二十八）

③如图 3-74 所示,用 SST 09387-00120 和小扭力扳手,测量以 60r/min 的速度旋转中间轴主动齿轮时的转动力矩,转动力矩应为 0.20~0.49N·m。

④如图 3-75 所示,用 SST 09930-00010 和锤子锁紧锁紧螺母垫圈。

图 3-74　自动变速器的装配（二十九）

图 3-75　自动变速器的装配（三十）

(25)安装一挡和倒挡制动器 2 号活塞 O 形圈。如图 3-76 所示,在 2 个新的一挡和倒挡制动器 2 号活塞 O 形圈上涂 ATF,并将其安装至一挡和倒挡制动器 2

号活塞。

(26) 安装一挡和倒挡制动器 2 号活塞。如图 3-77 所示,在一挡和倒挡制动器 2 号活塞上涂 ATF,并将其安装至自动变速器壳。

注意:切勿损坏油封唇口。

图 3-76　自动变速器的装配（三十一）

图 3-77　自动变速器的装配（三十二）

(27) 安装一挡和倒挡制动器复位弹簧分总成。如图 3-78 所示,将一挡和倒挡制动器复位弹簧分总成安装至自动变速器壳。用 SST 09387-00070、压力机和螺丝刀安装卡环。

(28) 安装一挡和倒挡制动盘。如图 3-79 所示,将 4 个片、4 个盘和凸缘安装至自动变速器壳,用螺丝刀安装卡环。

图 3-78　自动变速器的装配（三十三）

图 3-79　自动变速器的装配（三十四）

(29) 检查一挡和倒挡制动器的装配间隙。

①如图 3-80 所示,从后侧压住盘和片,用 SST 09350-36010（09350-06110）和百分表测量一挡和倒挡制动器的装配间隙,装配间隙:0.806~1.206mm。

图 3-80 自动变速器的装配(三十五)

注意:如果间隙不在规定范围内,选择一个新的制动器凸缘。有 4 种不同厚度的凸缘可供选择,见表 3-7。

凸 缘 厚 度　　　　　　　　　表 3-7

标　记	厚度(mm)	标　记	厚度(mm)
—	3.4	2	3.8
1	3.6	3	4.0

②将压缩空气(392kPa)吹入油孔中,检查并确认一挡和倒挡制动器活塞移动。

(30)安装前太阳轮。如图 3-81 所示,将太阳轮和滚针轴承安装至行星齿轮总成。

(31)安装外座圈固定架。如图 3-82 所示,将外座圈固定架安装至 2 号单向离合器。

图 3-81 自动变速器的装配(三十六)　　图 3-82 自动变速器的装配(三十七)

(32)安装 2 号单向离合器。如图 3-83 所示,将 2 号单向离合器和二挡制动器活塞总成安装至后行星齿轮总成。

(33)安装后行星齿轮推力滚针轴承。如图 3-84 所示,将 2 号推力轴承座圈、行星齿轮推力滚针轴承和推力轴承座圈安装至后行星齿轮总成。

图 3-83　自动变速器的装配（三十八）

图 3-84　自动变速器的装配（三十九）

(34)安装后行星齿轮总成。如图 3-85 所示,将后行星齿轮总成安装至自动变速器壳。用螺丝刀安装卡环。

(35)检查 2 号单向离合器。如图 3-86 所示,检查并确认后行星齿轮总成逆时针旋转时自由转动,而顺时针旋转时则锁止。

(36)安装二挡制动器活塞套筒。如图 3-87 所示,将二挡制动器活塞套筒安装至自动变速器壳。

图 3-85　自动变速器的装配（四十）

图 3-86　自动变速器的装配（四十一）

(37)安装二挡制动盘。

①如图 3-88 所示,将 4 个盘、3 个二挡制动器 1 号凸缘和 2 个二挡制动器凸缘安装至自动变速器壳。

②如图 3-89 所示,用螺丝刀将 2 个卡环安装至自动变速器壳。

(38)检查二挡制动器的装配间隙。如图 3-90 所示,在施加和释放压缩空气(392~785kPa)的同时,用百分表测量二挡离合器的装配间隙。装配间隙:0.847~1.247mm。

注意:如果间隙不在规定范围内,选择一个新的制动器凸缘。有 4 种不同厚度的凸缘可供选择,见表 3-8。

图 3-87　自动变速器的装配（四十二）　　图 3-88　自动变速器的装配（四十三）

凸　缘　厚　度　　　　　　　　表 3-8

标　记	厚度（mm）	标　记	厚度（mm）
—	3.0	2	3.4
1	3.2	3	3.6

图 3-89　自动变速器的装配（四十四）　图 3-90　自动变速器的装配（四十五）

（39）安装单向离合器总成。如图 3-91 所示，将 2 号推力垫圈安装至后行星齿轮总成。将单向离合器总成安装至后太阳轮总成。

（40）检查单向离合器总成。如图 3-92 所示，固定住后太阳轮，转动单向离合器，检查并确认单向离合器在逆时针旋转时自由转动，而顺时针旋转时则锁止。

图 3-91　自动变速器的装配（四十六）　图 3-92　自动变速器的装配（四十七）

（41）安装后太阳轮推力滚针轴承。如图 3-93 所示，将推力滚针轴承和垫圈安装至后太阳轮。

(42)如图3-94所示,安装后太阳轮总成。

图3-93　自动变速器的装配(四十八)　　图3-94　自动变速器的装配(四十九)

(43)安装后太阳轮2号推力滚针轴承。如图3-95所示,将后太阳轮2号推力滚针轴承安装至后太阳轮。

(44)如图3-96所示,安装直接挡离合器毂。

(45)安装推力滚针轴承。如图3-97所示,将3号推力轴承座圈、推力滚针轴承和C-2毂推力轴承座圈安装至直接挡离合器毂。

(46)安装二挡滑行和超速挡制动盘。

①如图3-98所示,测量凸缘厚度(尺寸A)。

图3-95　自动变速器的装配(五十)　　图3-96　自动变速器的装配(五十一)

图3-97　自动变速器的装配(五十二)　　图3-98　自动变速器的装配(五十三)

②如图3-99所示,将2个盘、2个片和凸缘安装至自动变速器壳。

(47)安装中间轴总成。如图3-100所示,将中间轴总成安装至自动变速器壳。

图 3-99　自动变速器的装配（五十四）　　　图 3-100　自动变速器的装配（五十五）

(48) 检查二挡滑行和超速挡制动器的间隙。

① 如图 3-101 所示,将一直尺放置在自动变速器壳上,用游标卡尺测量二挡滑行和超速挡制动器凸缘与直尺之间的距离(图中尺寸 B)。

② 如图 3-102 所示,将一直尺放置在超速挡制动器活塞上,用游标卡尺测量自动变速器后盖和直尺之间的距离(图中尺寸 C)。用下列公式计算活塞行程值。

$$活塞行程值 = A + B - C$$

装配间隙:2.091~2.491mm。

注意:如果间隙不在规定范围内,选择一个新的制动器凸缘。有 4 种不同厚度的凸缘可供选择,见表 3-9。

图 3-101　自动变速器的装配（五十六）　　　图 3-102　自动变速器的装配（五十七）

凸 缘 厚 度　　　　　表 3-9

标　记	厚度(mm)	标　记	厚度(mm)
4	4.0	6	4.4
5	4.2	7	4.6

(49)安装后离合器鼓推力滚针轴承。如图3-103所示,将后离合器鼓推力滚针轴承安装至中间轴。

(50)检查中间轴总成。

①如图3-104所示,用11个螺栓安装自动变速器后盖,拧紧力矩:25N·m。

图3-103　自动变速器的装配（五十八）

图3-104　自动变速器的装配（五十九）

②如图3-105所示,用百分表测量中间轴轴向间隙。轴向间隙:0.204~0.966mm。如果轴向间隙不符合规定,选择并更换后离合器鼓推力滚针轴承。

注意:有2种不同厚度的推力滚针轴承可供选择。棕色推力滚针轴承厚度为2.5mm;黑色推力滚针轴承厚度为2.8mm。

③从自动变速器后盖上拆下11个螺栓。

(51)安装自动变速器壳衬垫。如图3-106所示,将4个新衬垫安装至自动变速器壳。

图3-105　自动变速器的装配（六十）

图3-106　自动变速器的装配（六十一）

(52)安装自动变速器后盖总成。

①如图3-107所示,在自动变速器壳上涂抹密封胶。密封胶:丰田原厂密封胶1281、THREE BOND 1281或同等产品。

②见图3-104,用11个螺栓安装自动变速器后盖,拧紧力矩:25N·m。

(53)安装前进挡离合器毂分总成。如图3-108所示,将前进挡离合器毂分总成安装至自动变速器壳。

图 3-107　自动变速器的装配（六十二）　　图 3-108　自动变速器的装配（六十三）

(54) 安装前进挡离合器毂推力滚针轴承。如图 3-109 所示,将轴承安装至前进挡离合器毂。

(55) 安装定子轴推力滚针轴承。如图 3-110 所示,将轴承安装至输入轴总成。

图 3-109　自动变速器的装配（六十四）　　图 3-110　自动变速器的装配（六十五）

(56) 安装输入轴总成。如图 3-111 所示,将输入轴总成安装至自动变速器壳。

(57) 安装超速挡制动器衬垫。如图 3-112 所示,将 2 个新衬垫安装至自动变速器壳。

图 3-111　自动变速器的装配（六十六）　　图 3-112　自动变速器的装配（六十七）

(58)安装差速器齿轮总成。如图3-113所示,将差速器齿轮总成安装至自动变速器壳。

(59)安装油泵总成。如图3-114所示,用7个螺栓安装油泵,拧紧力矩:22N·m。

图3-113　自动变速器的装配（六十八）

图3-114　自动变速器的装配（六十九）

(60)检查输入轴总成。如图3-115所示,确保输入轴转动平稳。

(61)检查输入轴轴向间隙。如图3-116所示,测量轴向间隙。轴向间隙:0.374~1.292mm。如果轴向间隙不符合规定,更换前进挡离合器毂推力滚针轴承和定子轴推力滚针轴承。

图3-115　自动变速器的装配（七十）

图3-116　自动变速器的装配（七十一）

(62)安装自动变速器外壳。

①如图3-117所示,在自动变速器壳上涂抹密封胶。密封胶:丰田原厂密封胶1281、THREE BOND 1281或同等产品。

②用14个螺栓安装自动变速器外壳(图3-47)。螺栓A拧紧力矩为29N·m;螺栓B拧紧力矩为22N·m。

(63)安装C-2蓄压器活塞。

①如图3-118所示,在2个新O形圈上涂ATF,并将其安装至C-2蓄压器活塞。

注意:切勿损坏O形圈。

图 3-117　自动变速器的装配（七十二）

图 3-118　自动变速器的装配（七十三）

②如图 3-119 所示，安装弹簧和 C-2 蓄压器活塞。

注意：C-2 蓄压器活塞弹簧自由长度为 66.90mm，外径为 17.20mm。

(64) 安装 C-3 蓄压器活塞。

①如图 3-120 所示，在 2 个新 O 形圈上涂 ATF，并将其安装至 C-3 蓄压器活塞。

图 3-119　自动变速器的装配（七十四）

图 3-120　自动变速器的装配（七十五）

注意：切勿损坏 O 形圈。

②如图 3-121 所示，安装弹簧和 C-3 蓄压器活塞。

注意：C-3 蓄压器活塞弹簧自由长度为 87.30mm，外径为 18.70mm，颜色为橙色。

(65) 安装 B-2 蓄压器活塞。

①如图 3-122 所示，在 2 个新 O 形圈上涂 ATF，并将其安装至 B-2 蓄压器活塞。

注意：切勿损坏 O 形圈。

图 3-121　自动变速器的装配（七十六）

图 3-122　自动变速器的装配（七十七）

②如图 3-123 所示,安装弹簧和 B-2 蓄压器活塞。

注意:B-2 蓄压器活塞弹簧自由长度为 66.90mm,外径为 15.50mm,颜色为白色。

(66)安装球式止回阀体。如图 3-124 所示,安装弹簧和球式止回阀体。

图 3-123　自动变速器的装配（七十八）

图 3-124　自动变速器的装配（七十九）

(67)安装制动鼓衬垫。如图 3-125 所示,安装新的制动鼓衬垫。

(68)安装自动变速器壳衬垫。如图 3-126 所示,在新的自动变速器壳衬垫上涂 ATF,然后将其安装至自动变速器壳。

图 3-125　自动变速器的装配（八十）

图 3-126　自动变速器的装配（八十一）

(69)安装自动变速器壳二挡制动器衬垫。如图3-127所示,在新的自动变速器壳二挡制动器衬垫上涂ATF,然后将其安装至自动变速器壳。

(70)安装自动变速器线束。

①如图3-128所示,在新O形圈上涂ATF,然后将其安装至自动变速器线束。

图3-127　自动变速器的装配
　　　　　（八十二）

图3-128　自动变速器的装配
　　　　　（八十三）

②如图3-129所示,将自动变速器线束插入自动变速器。

③如图3-130所示,用螺栓安装自动变速器线束,拧紧力矩:5.4N·m。

图3-129　自动变速器的装配
　　　　　（八十四）

图3-130　自动变速器的装配
　　　　　（八十五）

(71)安装自动变速器阀体总成。

①使手动阀凹槽对准手动阀杆销。

②如图3-131所示,用13个螺栓暂时安装阀体。螺栓A长度为32mm;螺栓B长度为22mm;螺栓C长度为55mm;螺栓D长度为45mm。

③如图3-132所示,用2个螺栓暂时安装锁止弹簧和锁止弹簧盖。螺栓A长度为14mm;螺栓B长度为45mm。

图 3-131 自动变速器的装配（八十六）

图 3-132 自动变速器的装配（八十七）

④检查并确认手动阀杆接触到锁止弹簧顶部滚柱的中心部分。

⑤拧紧这 15 个螺栓，拧紧力矩：11N·m。

⑥如图 3-133 所示，连接 5 个电磁阀连接器。

⑦用锁止板和螺栓安装 ATF 温度传感器，拧紧力矩：11N·m。螺栓长度：55mm。

(72) 安装阀体滤油网总成。

①如图 3-134 所示，在新衬垫上涂 ATF，并将其安装至滤油网。

图 3-133 自动变速器的装配（八十八）

图 3-134 自动变速器的装配（八十九）

②如图 3-135 所示，用 3 个螺栓将阀体滤油网总成安装至自动变速器，拧紧力矩：11N·m。

(73) 安装自动变速器油底壳分总成。

①如图 3-136 所示，将 2 块 ATF 滤清器磁铁安装到油底壳上。

②将新油底壳衬垫安装到油底壳上。

③如图 3-137 所示，用 19 个螺栓安装油底壳，拧紧力矩：7.8N·m。

(74) 安装通气塞。将通气塞安装至自动变速器壳。

(75) 安装通气塞软管。如图 3-138 所示,将通气塞软管安装至通气塞。

图 3-135　自动变速器的装配
　　　　　（九十）

图 3-136　自动变速器的装配
　　　　　（九十一）

图 3-137　自动变速器的装配
　　　　　（九十二）

图 3-138　自动变速器的装配
　　　　　（九十三）

(76) 安装自动变速器壳 1 号塞。

①在 5 个新 O 形圈上涂 ATF,并将其安装至 5 个自动变速器壳 1 号塞。

②如图 3-139 所示,将 4 个自动变速器壳 1 号塞安装至自动变速器外壳和自动变速器壳,拧紧力矩:7.4N·m。

③如图 3-140 所示,将自动变速器壳 1 号塞安装至自动变速器壳,拧紧力矩:7.4N·m。

图 3-139　自动变速器的装配
　　　　　（九十四）

图 3-140　自动变速器的装配
　　　　　（九十五）

(77) 安装 ATF 冷却器管接头。

①在 2 个新 O 形圈上涂 ATF,并将其安装至 2 个 ATF 冷却器管接头。

②如图3-141所示,将2个ATF冷却器管接头安装至自动变速器壳,拧紧力矩:27N·m。

(78)安装转速传感器。

①在新O形圈上涂ATF,然后将其安装至转速传感器。

②如图3-142所示,用螺栓将转速传感器安装至自动变速器壳,拧紧力矩:5.4N·m。

图3-141　自动变速器的装配（九十六）　　图3-142　自动变速器的装配（九十七）

(79)安装驻车挡/空挡位置开关总成。

①将驻车挡/空挡位置开关总成安装至自动变速器。

②如图3-143所示,暂时安装2个螺栓。

③换上新的锁止板,并拧紧手动阀轴螺母,拧紧力矩:6.9N·m。

④暂时安装控制杆。

⑤如图3-144所示,逆时针转动控制杆直到其停止,然后顺时针转动2个槽口。

图3-143　自动变速器的装配（九十八）　　图3-144　自动变速器的装配（九十九）

⑥拆下控制杆。

⑦如图3-145所示,将凹槽与空挡基线对准。

⑧将开关固定到位,然后拧紧2个螺栓,拧紧力矩:5.4N·m。

⑨如图3-146所示,使用螺丝刀,用锁止板锁紧螺母。

第三章 自动变速器齿轮变速机构的构造与维修

图 3-145 自动变速器的装配
（一百）

图 3-146 自动变速器的装配
（一百零一）

⑩ 如图 3-147 所示,用螺母和垫圈安装控制杆,拧紧力矩:13N·m。

(80) 安装速度表从动齿轮孔盖分总成。

① 在新 O 形圈上涂 ATF,然后将其安装至速度表从动齿轮孔盖分总成。

② 如图 3-148 所示,将速度表从动齿轮孔盖分总成安装至自动变速器外壳,拧紧力矩:7.0N·m。

图 3-147 自动变速器的装配
（一百零二）

图 3-148 自动变速器的装配
（一百零三）

1. 自动变速器的齿轮变速机构主要形式有行星齿轮变速机构和平行轴齿轮变速机构,目前,绝大多数自动变速器多采用行星齿轮变速机构与液力变矩器配合使用,换挡执行元件根据自动变速器电子控制系统的命令来接合或分离、制动或放松行星齿轮变速机构的某个元件,通过改变动力传递路线得到不同的传动比。按行星齿轮变速机构结构形式的不同,又可分为辛普森式行星齿轮变速机构和拉威娜式行星齿轮变速机构。

2. 单排行星齿轮变速机构主要由一个太阳轮(又称为中心轮)、一个带有若干个行星齿轮的行星架和一个齿圈组成。通过对不同的元件进行约束和限制,可以得到不同的动力传动方式。

3.自动变速器的换挡执行元件包括离合器、制动器和单向离合器。离合器和制动器以液压方式控制行星齿轮变速机构的元件,单向离合器的作用是以机械方式对行星齿轮变速机构的元件进行锁止,使某一元件只能按一定方向旋转,而在另一方向上锁止。

4.离合器的功用是连接轴和行星齿轮变速机构中的元件或是连接行星齿轮变速机构中的不同元件。离合器主要由离合器鼓、花键毂、活塞、主动摩擦片、从动钢片、复位弹簧等组成。

5.制动器的功用是固定行星齿轮变速机构中的元件,防止其转动。制动器有片式和带式两种形式。

6.丰田卡罗拉乘用车配备的U341E型自动变速器(辛普森Ⅱ型)采用了CR-CR式行星齿轮变速机构,即将两组单行星排的行星架C(Planet Carrier)和齿圈R(Gear Ring)分别组配,该行星齿轮变速机构仅有4个独立元件(前太阳轮、后太阳轮、前行星架和后齿圈组件、前齿圈和后行星架组件),其特点是变速比大、效率高、元件轴转速低。

7.拉维娜式行星齿轮变速机构结构是一种双排单、双级复合式行星齿轮变速机构。前、后排共用一个齿圈和一个行星架。在行星架上,外行星齿轮为长行星齿轮,它与齿圈和太阳轮同时啮合;内行星齿轮为短行星齿轮,它与小太阳轮和长行星齿轮同时啮合。

复习思考题

一、选择题

1.在单排行星齿轮变速机构中,固定齿圈,如果将太阳轮作为主动元件,行星架为从动元件,得到的传动比( )。

  A.小于1   B.大于1   C.等于1

2.在自动变速器的行星齿轮变速机构中,只有当( )时,才能获得倒挡。

  A.行星架制动,齿圈作为主动元件

  B.行星架制动,太阳轮作为主动元件

  C.齿圈制动,太阳轮作为主动元件

3.在单排行星齿轮变速机构中,固定太阳轮,如果将齿圈作为主动元件,行星架为从动元件,得到的是(　　)。

  A.升速降矩　　　　　B.降速降矩　　　　　C.降速增矩

4.自动变速器中离合器的作用是(　　)。

  A.连接　　　　　　　B.固定　　　　　　　C.单向锁止

5.下面(　　)使用一组摩擦片和钢片压在一起使离合器接合。

  A.变速器制动带　　　B.单向离合器　　　　C.多片式离合器

6.自动变速器中制动器的作用(　　)。

  A.连接　　　　　　　B.固定　　　　　　　C.单向锁止

7.辛普森Ⅰ型行星齿轮变速机构的特点包括:采用两组行星排和(　　)。

  A.共用一个齿圈　　　B.共用一个太阳轮　　C.共用一个行星架

8.在拉威娜式行星齿轮变速机构中,形成倒挡的条件是(　　)。

  A.太阳轮被锁止　　　B.齿圈被固定　　　　C.行星架被锁止

二、判断题

1.行星齿轮变速机构使用太阳轮、行星齿轮和行星架以及齿圈产生不同的速比。(　　)

2.当行星齿轮变速机构中的太阳轮、齿圈或行星架都不被锁止时,则会形成空挡。(　　)

3.由于单排行星齿轮变速机构有两个自由度,故没有固定的传动比,不能直接用于变速传动。(　　)

4.在自动变速器的行星齿轮变速机构中,太阳轮、齿圈和行星齿轮三者的旋转轴线是重合的。(　　)

5.行星齿轮变速机构用于在自动变速器内产生不同的挡位。(　　)

6.由于行星齿轮变速机构处于常啮合状态,故动力传输不会产生齿轮间冲击。(　　)

7.在自动变速器中,齿轮变速机构的换挡离合器是装于转动轴上的。(　　)

8.自动变速器中制动器的作用是把行星齿轮变速机构中的某两个元件连接起来,形成一个整体共同旋转。(　　)

9.有两种形式的制动器用于锁定行星齿轮变速机构中的某一元件,包括多片式制动器和带式制动器。(　　)

10.自动变速器的带式制动器中,其制动鼓与制动带的间隙,都是通过制动带上的调整螺栓进行调整的。(　　)

11. 在自动变速器内,制动带的转鼓一定是与行星齿轮变速机构中某一个元件成刚性连接的。　　　　　　　　　　　　　　　　　　　　（　　）

12. 采用辛普森Ⅰ型行星齿轮变速机构的自动变速器,共用太阳轮,实现D位一挡需双行星排工作。　　　　　　　　　　　　　　　　（　　）

13. 采用辛普森Ⅱ型行星齿轮变速机构的自动变速器,其结构特点是前、后行星架组成一体。　　　　　　　　　　　　　　　　　　（　　）

14. 采用拉威娜式行星齿轮变速机构的自动变速器,D_1挡只有单行星排工作。　　　　　　　　　　　　　　　　　　　　　　　　（　　）

三、简答题

1. 简述单排行星齿轮变速机构的组成、连接关系和运动规律。
2. 自动变速器的换挡执行元件有哪些,各有什么功用？
3. 简述离合器的组成及工作原理。
4. 简述制动器的组成和工作原理。
5. 按图说明丰田U341E型自动变速器各挡动力传递路线。
6. 按图说明拉威娜式行星齿轮自动变速器各挡动力传递路线。

第四章

自动变速器液压控制系统的构造与维修

学习目标

1. 掌握液压控制系统的基本组成；
2. 掌握液压控制系统各主要部件的结构特点和工作原理；
3. 熟悉液压控制系统主要部件的维修方法。

第一节　液压控制系统的构造与工作原理

一、液压控制系统的基本组成

液压控制系统的基本组成包括动力源、执行机构和控制机构3大部分。

（1）动力源。液压控制系统的动力源是油泵（又称液压泵），它是整个液压控制系统的工作基础。如各种阀体的动作、换挡执行元件的工作等都需要一定压力的 ATF。油泵的基本功用就是提供满足需求的 ATF 油量和油压。

（2）执行机构。执行机构主要由离合器油缸、制动器油缸等组成，其功用是在控制油压的作用下实现离合器的接合和分离、制动器的制动和松开动作，以便得到相应的挡位。

（3）控制机构。控制机构包括阀体和各种阀，包括主油路调压阀、手动阀、换挡阀等。

液压控制系统还包括一些辅助装置，如用于防止换挡冲击的储能减振器、节流控制阀等。

二、液压控制系统主要部件的结构和工作原理

1　油泵

（1）功用。油泵的功用是向自动变速器各部分提供具有一定油压、足够流

量、合适温度的液压油。

（2）结构和工作原理。油泵是液压控制系统的动力源，一般位于液力变矩器和行星齿轮变速机构之间，由液力变矩器壳体驱动。油泵类型主要有齿轮泵、转子泵和叶片泵，如图4-1所示。三种泵的共同特点是：内部元件（转子）由液力变矩器壳体上的花键毂驱动，外部元件与内部元件之间有一定的偏心距。

图4-1　油泵

内啮合齿轮泵主要由主动齿轮、从动齿轮、月牙板、壳体等组成，其结构和工作原理如图4-2所示。主动齿轮为外齿齿轮，从动齿轮为内齿齿轮，在壳体上有一个月牙板，把主、从动齿轮不啮合的部分隔开，并形成两个工作腔，分别为进油腔和出油腔。进油腔与泵体上的进油口相通，出油腔与泵体上的出油口相通。主动齿轮内颈上有两个对称的凸键，与液力变矩器后端油泵驱动毂的键槽或平面相配合。因此，只要发动机转动，油泵便转动并开始供油。

图4-2　内啮合齿轮泵的结构和工作原理

油泵在工作过程中，主动齿轮带动从动齿轮转动，在齿轮脱离啮合的一端（进油腔），容积不断变大，产生真空吸力，把ATF从油底壳经滤网吸入油泵。在齿轮进入啮合的一端（出油腔），容积不断减小，油压升高，把ATF从出油腔挤压出去。这样，油泵不断地运转，就形成了具有一定压力的油液，油液就这样源源不断地输往液压系统。

这种油泵要求具有严格的加工制造精度。因为齿轮之间、齿轮与泵体之间，过大的磨损和间隙都会导致油泵的性能下降、油压过低，而油压对于自动变速器的正常工作是非常重要的。

油泵使用应注意以下事项:

①发动机不工作,油泵不转,自动变速器无油压,即使在 D 挡位或 R 挡位,也不能靠推车起动发动机。

②长距离拖车时,由于发动机不转,油泵也不转,齿轮系统没有润滑油,磨损会加剧,因此要求车速慢、距离短。如丰田车系要求拖车车速不高于30km/h,距离不超过80km;奔驰车系要求拖车车速不高于50km/h,距离不超过50km。

③变速器齿轮系统有故障或严重漏油时,牵引车辆时应将传动轴脱开。对于前轮驱动的汽车,应将前轮悬空牵引。

2 主油路调压阀

液压油从油泵输出后,即进入主油路系统,油泵是由液力变矩器壳体直接驱动的,输出流量和压力均受发动机运转状况的影响,变化很大。当主油路压力过高时,会引起换挡冲击和增加功率消耗;而主油路压力过低时,又会使离合器、制动器等换挡执行元件打滑,因此在主油路系统中必须设置主油路调压阀,其作用是将油泵输出压力精确调节到所需值后再输入主油路,以满足主油路系统在不同工况、不同挡位时,具有不同油压的要求。

(1) 节气门开度较小时,自动变速器所传递的转矩较小,换挡执行机构中的离合器、制动器不易打滑,主油路压力可以降低;而当发动机节气门开度较大时,因传递的转矩增大,为防止离合器、制动器打滑,主油路压力要升高。

(2) 汽车低速挡行驶时,所传递的转矩较大,主油路压力要高;而在高速挡行驶时,自动变速器传递的转矩较小,可降低主油路油压,以减少油泵的运转阻力。

(3) 倒挡的使用时间较少,为减小自动变速器尺寸,倒挡执行机构被做得较小,为避免出现打滑,需提高操纵油压。

主油路调压阀结构如图 4-3 所示。油压的调节是靠电子控制调压,主油路调压电磁阀调整出不同的油压值,使滑阀改变节流口 a 的大小,通过节流作用控制主油压的大小。节流口 b 泄出的油压经次调压阀的节流作用,调整出液力变矩器油压。

图 4-3 主油路调压阀的结构

3 次调压阀

次调压阀是把主油路调压阀泄出的油压调节成液力变矩器油压。如图4-4所示,滑阀上端作用着手动阀来的油压,向下推阀,还作用着一个主油压,也向下推阀。而向上推阀的力有弹簧弹力和来自主油路调压阀调节后的油压,上、下两力的平衡决定了节流口a的开度,即通过节流口的开度将主油路油压调节成液力变矩器油压。

图4-4 次调压阀

4 手动阀

手动阀又称为手控阀或手动换挡阀,与驾驶室内的换挡杆相连,其功用是控制各挡位油路的转换。如图4-5所示,当驾驶人操纵换挡杆时,手动阀会移动,使主油路油压通往不同的油道。如当换挡杆置于"P"位时,主油路油压会通往"P""R"和"L"位油道;当换挡杆置于"R"位时,主油路油压会同时通往"P""R"和"L"位油道与"R"位油道;当换挡杆置于"N"位时,手动阀会将主油路油压进油道切断,便不会有主油路油压通往各换挡阀;当换挡杆置于"D"位时,主油路油压会通往"D""2"和"L"位油道;当换挡杆置于"2"位时,主油路油压会同时通往"D""2"和"L"位油道与"2"和"L"位油道;当换挡杆置于"L"位时,主油路油压会同时通往"D""2"和"L"位油道与"2"和"L"位油道及"P""R"和"L"位油道。

5 换挡阀

电控自动变速器换挡阀的工作由换挡电磁阀控制,其控制方式有两种:一种是加压控制,即通过开启或关闭换挡阀控制油路进油孔来控制换挡阀的工作;另一种是泄压控制,即通过开启或关闭换挡阀控制油路泄油孔来控制换挡阀的工作。

图 4-5 手动阀的结构

加压控制方式的工作原理如图 4-6 所示。当换挡电磁阀不通电时,换挡电磁阀阀门关闭,没有油压作用在换挡阀左端,换挡阀在右端弹簧力的作用下移向左端,如图 4-6a),主油路压力油通至换挡执行元件;当换挡电磁阀通电时,换挡电磁阀阀门开启,主油路压力油作用在换挡阀左端,使换挡阀克服弹簧力右移,如图 4-6b),从而改变油路,实现挡位变换。

图 4-6 换挡阀加压控制方式的工作原理

泄压控制方式的工作原理如图 4-7 所示。当换挡电磁阀通电时,换挡电磁阀阀门打开,主油路压力油经节流孔后,再经阀门泄压,换挡阀右侧没有油压,换挡阀在弹簧的作用力下移到右侧位置,如图4-7a)所示,主油路压力油与油路B接通,此时为低档状态;当换挡电磁阀不通电时,换挡电磁阀阀门关闭,主油路压力油经节流孔后加在换挡阀的右侧,于是换挡阀左移,如图4-7b)所示,主油路压力油与油路A接通,此时为高挡状态。

a) 换挡电磁阀通电　　　　　　　　b) 换挡电磁阀不通电

图4-7　换挡阀泄压控制方式的工作原理

6. 锁止离合器控制阀

锁止离合器控制阀的结构和工作原理如图4-8所示。自动变速器的锁止电磁阀一般采用脉冲式电磁阀,ECU可利用脉冲电信号占空比大小来调节锁止电磁阀的开度,以控制作用在锁止离合器控制阀右端的油压,由此调节锁止离合器控制阀左移时排油孔的开度,从而控制锁止离合器活塞右侧油压的大小。当作用在锁止电磁阀上的脉冲电信号的占空比为0时,锁止电磁阀关闭,没有油压作用在锁止离合器控制阀的右端,此时锁止离合器活塞左、右两侧的油压相同,锁止离合器处于分离状态。当作用在锁止电磁阀上的脉冲电信号较小时,锁止电磁阀的开度和作用在锁止离合器控制阀右端的油压以及锁止离合器控制阀左移打开的排油孔开度均较小,锁止离合器活塞左、右两侧油压差以及由此产生的锁止离合器接合力也较小,使锁止离合器处于半接合状态。脉冲信号的占空比越大,锁止离合器活塞左、右两侧油压差以及锁止离合器接合力也越大。当脉冲信号的占空比达到一定数值时,锁止离合器即可完全接合。这样,ECU在控制锁止离合器接合时,可以通过锁止电磁阀来调节其接合速度,让接合力逐渐增大,使接合过程更加柔和。

第四章 自动变速器液压控制系统的构造与维修

图 4-8 锁止离合器控制阀工作原理

7 节流控制阀

在自动变速器内,为改善换挡质量,减轻换挡冲击和延长离合器、制动器的使用寿命,在通往离合器或制动器的油路中加装了许多节流控制阀。

节流控制阀的作用有两个,一是使作用在离合器和制动器上的油压缓慢上升,以减轻接合时的冲击;二是使作用在离合器和制动器上的油压泄油时尽快泄出,使分离迅速彻底,防止摩擦片分离不彻底造成磨损。

如图4-9所示,当ATF从进排液口①流入进排液口②时,油压使防松球压靠在一个节流孔上,因此ATF仅能流经一个节流孔,使流至进排液口②的ATF压力上升比较缓慢,减小了对离合器和制动器接合时的冲击;当ATF反向流动时,ATF将防松球从受阻的节流孔处推开,泄油迅速,使离合器和制动器片能够快速分离。

8 储能减振器

储能减振器通常用于防止离合器和制动器在接合时的冲击。如图4-10所示,ATF从进排液口①将活塞 A 推至右端,同时将活塞 B 向下推,用此方式可减小活塞 A 上的油压冲击,防止离合器或制动器片快速接合时引起冲击;推下活塞 B 压缩弹簧时又储存了能量。

图 4-9 节流控制阀的结构与工作原理

图 4-10 储能减振器的工作原理

三、液压控制系统的工作原理

目前,大部分自动变速器采用有两个电磁阀操纵 3 个换挡阀实现 4 个挡位的变换。液压系统换挡的工作原理如图 4-11 所示,它采用泄压控制方式。由图中可知,一～二挡换挡阀和三～四挡换挡阀由电磁阀 A 控制,二～三挡换挡阀由电磁阀 B 控制。电磁阀不通电时关闭泄油孔,来自手动阀的主油路压力油通过节流孔后作用在各换挡阀右端,使阀芯克服弹簧力左移。电磁阀通电时泄油孔开启,换挡阀右端压力油被泄空,阀芯在左端弹簧力的作用下右移。

图 4-11 液压系统换挡的工作原理

A-换挡电磁阀 A;B-换挡电磁阀 B;
1-一～二挡换挡阀;2-二～三挡换挡阀;3-三～四挡换挡阀

图 4-11a)为一挡,此时电磁阀 A 断电,电磁阀 B 通电,一～二挡换挡阀阀芯左移,关闭二挡油路;二～三挡换挡阀阀芯右移,关闭三挡油路。同时使主油路油压作用在三～四挡换挡阀阀芯左端,使三～四挡换挡阀阀芯停留在右位。

图 4-11b)为二挡,此时电磁阀 A 和电磁阀 B 同时通电,一~二挡换挡阀右端油压下降,阀芯右移,打开二挡油路。

图 4-11c)为三挡,此时电磁阀 A 通电,电磁阀 B 断电,二~三挡电磁阀右端油压上升,阀芯左移,打开三挡油路。同时使主油路油压作用在一~二挡换挡阀左端,并让三~四挡换挡阀阀芯左端控制油压泄空。

图 4-11d)为四挡,此时电磁阀 A 和电磁阀 B 均不通电,三~四挡换挡阀阀芯右端控制压力上升,阀芯左移,关闭直接离合器油路,接通超速制动器油路,由于一~二挡换挡阀阀芯左端作用着主油路油压,虽然右端有压力油作用,但阀芯仍然保持在右端不能左移。

第二节 液压控制系统的维修

一、实训器材

(1)车辆:雪佛兰科鲁兹 1.6L 乘用车,雪佛兰科鲁兹 1.6L 乘用车的 6T30 型自动变速器。

(2)普通工具:组合扳手、螺丝刀、钳子、扭力扳手。

(3)专用工具:GE 34673 水平仪表杆、DT-49131 密封件固定工具、DT-48270 密封件安装工具、DT-49131 密封件固定工具、DT-47791 密封件安装工具。

(4)检测工具:游标卡尺、千分尺。

(5)其他:油盆、自动变速器油 DEXRON® VI。

二、准备工作

(1)将工位清理干净。

(2)准备好相关的器材。

三、操作步骤

(一)油泵的维修

雪佛兰科鲁兹 1.6L 乘用车的 6T30 型自动变速器油泵分解图如图 4-12 所示。

1 油泵的拆解

(1)ATF 滤清器总成和液力变矩器油封的拆解。ATF 滤清器总成和液力变矩器油封的拆解可参照图4-13所示进行。

图4-12 雪佛兰科鲁兹1.6L乘用车的6T30型自动变速器油泵分解图
1-液力变矩器油封固定件;2-液力变矩器油封总成;3-自动变速器油泵盖螺栓;4-自动变速器油泵体;5-泵排气球阀;6-泵排气阀弹簧;7-压力调节阀孔塞固定件;8-压力调节阀孔塞;9-压力调节阀弹簧;10-压力调节阀;11-液力变矩器离合器排气球阀;12-液力变矩器离合器排气球阀弹簧;13-液力变矩器离合器控制阀;14-液力变矩器离合器控制阀弹簧;15-液力变矩器离合器控制气门弹簧座;16-自动变速器油泵主动齿轮;17-自动变速器油泵从动齿轮;18-自动变速器油泵盖总成;19-液力变矩器油封总成;20-自动变速器油泵盖螺栓

注意:将ATF滤清器旋转90°,以分离锁紧凸舌。

(2)油泵的拆解。油泵的拆解可参照图4-14所示进行,并关注以下事项:
①油泵盖侧有3个螺栓,油泵体侧有20个螺栓。
②阀门弹簧可能压缩得很紧,拆下固定件和螺塞时必须小心,否则可能会导致人身伤害。

图 4-13　ATF 滤清器总成和液力变矩器油封的拆解

1-ATF 滤清器总成;2-ATF 滤清器密封件;3-液力变矩器油封固定件;4-液力变矩器油封;5-液力变矩器油封总成

图 4-14　油泵的拆解

1-油泵盖螺栓 M6×21.5(数量:20);2-油泵盖;3-油泵从动齿轮;4-油泵主动齿轮;5-液力变矩器离合器控制阀组;6-油泵排气球阀组;7-压力调节阀组;8-液力变矩器离合器排气球阀组;9-油泵盖螺栓 M6×18.5(数量:3)

③清洗自动变速器部件后,使其风干。不要使用抹布或纸巾擦干任何自动变速器部件,抹布上的绒头会导致部件故障。

④切勿重复使用清洗溶剂。用过的清洗溶剂有粉末沉淀物,会损坏部件。

⑤清洁并检查所有阀体部件和泵体是否磨损和/或损坏,视情修理或更换。

2 油泵规格的选配

如图4-15所示,用游标卡尺测量GE 34673水平仪表杆底部到油泵转子腔底部之间的距离,并根据表4-1进行油泵规格的选配。

图4-15 油泵规格的选配

1-自动变速器油泵体;2-自动变速器油泵从动齿轮;3-自动变速器油泵主动齿轮

油泵规格的选配　　　　　　　　　　　　　　表4-1

油泵体齿槽深度(mm)	油泵齿轮厚度(mm)
12.617 ~ 12.625	12.580 ~ 12.588
12.626 ~ 12.636	12.589 ~ 12.599
12.637 ~ 12.645	12.600 ~ 12.608

3 油泵的装配

(1)带阀组的油泵的装配。带阀组的油泵的装配可参照图4-16所示进行,并关注以下事项:

①主动齿轮齿上的倒角朝向泵体。

②从动齿轮外径上的倒角朝向泵体。

③所有紧固件应遵守"紧固件告诫"。"紧固件告诫"内容为:请在正确的位置使用正确的紧固件;替换紧固件的零件号必须正确;除非另有说明,否则不得在紧固件或紧固件连接表面使用油漆、润滑剂或防蚀剂,这些涂层会影响紧固件的拧紧力矩和夹紧力并会损坏紧固件;安装紧固件时,务必使用正确的紧固顺序和紧固规格,以避免损坏零件和系统;使用直接装入塑料的紧固件时,务必小心不要剥去配套的塑料零件;只能使用手动工具,切勿使用任何冲击工具或电动工具;紧固件应该手动紧固,完全就位且不能脱落。

图 4-16　带阀组的油泵的装配

1-液力变矩器离合器排气球阀组;2-压力调节阀组;3-油泵排气球阀组;4-液力变矩器离合器控制阀组;5-油泵主动齿轮;6-油泵从动齿轮;7-油泵盖;8-油泵盖螺栓 M6×21.5(数量:20,拧紧力矩为 12N·m);9-油泵盖螺栓 M6×18.5(数量:3,拧紧力矩为 12N·m)

（2）液力变矩器油封和 ATF 滤清器总成的装配。液力变矩器油封和 ATF 滤清器总成的装配可参照图 4-17 所示进行,并关注以下事项:

图 4-17　液力变矩器油封和 ATF 滤清器总成的装配

1-液力变矩器油封总成;2-液力变矩器油封;3-液力变矩器油封固定件;4-ATF 滤清器密封件;5-ATF 滤清器总成

①使用 DT-49131 密封件固定工具将油封总成固定到位,确保密封件正确紧固。使用 DT-48270 密封件安装工具、DT-49131 密封件固定工具安装液力变矩器油封总成。

②使用 DT-47791 密封件安装工具安装液力变矩器油封。

③将滤清器旋转 90°,使锁紧凸舌接合。

(二) 控制阀体总成的维修

雪佛兰科鲁兹 1.6L 乘用车的 6T30 型自动变速器控制阀体总成分解图,如图 4-18 所示。

图 4-18 雪佛兰科鲁兹 1.6L 乘用车的 6T30 型自动变速器控制阀体总成分解图
1-倒挡和 4、5、6 挡离合器调节阀弹簧;2-倒挡和 4、5、6 挡离合器调节阀;3-离合器阀孔塞;4-气门弹簧座;5-1、2、3、4 挡离合器助力阀;6-1、2、3、4 挡离合器助力阀弹簧;7-1、2、3、4 挡离合器调节阀弹簧;8-1、2、3、4 挡离合器调节阀;9-2、6 挡离合器调节阀弹簧;10-2、6 挡离合器调节阀;11-3、5 挡、倒挡离合器调节阀弹簧;12-3、5 挡、倒挡离合器调节阀;13-离合器活塞挡板进油调节阀;14-离合器活塞挡板进油调节阀弹簧;15-液力变矩器离合器调节器接合阀弹簧;16-液力变矩器离合器调节器接合阀;17-液力变矩器离合器调节器接合双向阀;18-离合器选择阀弹簧;19-离合器选择阀;20-默认超控双向阀;21-执行器进油量限制阀;22-执行器进油量限制阀弹簧;23-手动阀;24-控制阀体总成

1 控制阀体总成的拆卸

(1) 控制阀体盖的拆卸。控制阀体盖的拆卸可参照图 4-19 所示进行,并关注以下事项:

①报废的密封件(如控制阀体衬垫),不可再次使用。

②拆下控制阀体盖线束连接器孔密封件时,支撑连接器附近的控制电磁阀总成,拉力过大会损坏内部电气连接。报废密封件(如控制阀体盖线束连接器孔密封件),不可再次使用。

图 4-19　控制阀体盖的拆卸

1-控制阀体盖螺栓 M6×30(数量:13);2-控制阀体盖;3-控制阀体衬垫;4-控制阀体盖线束连接器孔密封件;5-换挡位置开关连接器;6-输出轴转速传感器连接器;7-输入轴转速传感器连接器

(2)控制电磁阀(带阀体和自动变速器控制模块)总成的拆卸。控制电磁阀(带阀体和自动变速器控制模块)总成的拆卸可参照图4-20所示进行,并关注以下事项:

图 4-20　控制电磁阀(带阀体和自动变速器控制模块)总成的拆卸

1-控制阀体 M5×40.5(数量:3);2-控制阀体螺栓 M6×30(数量:12);3-控制电磁阀(带阀体和自动变速器控制模块)总成;4-控制电磁阀总成过滤板

①在拆卸或安装控制电磁阀总成过滤板时要小心。破损或缺失的固定凸舌不能完全将过滤板固定至控制电磁阀总成,有可能导致损坏或污染。

②报废的过滤板,不可再次使用。

(3)控制阀体总成的拆卸。控制阀体总成的拆卸可参照图4-21所示进行。

注意:报废的密封件,不可再次使用。

图4-21 控制阀体总成的拆卸

1-油位控制阀;2-油位控制阀衬垫;3-控制阀体螺栓 M6×60(数量:9);4-控制阀体螺栓 M6×53(数量:2);5-控制阀体总成;6-控制阀体隔板总成;7-手动轴止动杆弹簧螺栓 M6×16(数量:1);8-手动换挡轴止动杆弹簧总成;9-1、2、3、4挡离合器油道密封件;10-低速挡/倒挡离合器油道密封件

2 控制阀体总成的拆解

控制阀体总成的拆解可参照图4-22所示进行。

注意:检查控制阀油路板螺栓的通孔是否损坏或凹陷;任何损坏都会导致压力开关操作不正确,必要时进行更换。

3 控制阀体的清洁和检查

控制阀体的清洁和检查可参照图4-23所示进行,并关注以下事项:

第四章 自动变速器液压控制系统的构造与维修

图 4-22 控制阀体总成的拆解
1-控制电磁阀支架;2-控制阀体螺栓 M5×40.5(数量:1);3-控制阀油路板;4-油路板隔板总成;5-控制阀体单向球阀(数量:6)

图 4-23 控制阀体的清洁和检查
1-倒挡和 4、5、6 挡离合器调节阀组;2-1、2、3、4 挡离合器助力阀组;3-1、2、3、4 挡离合器调节阀组;4-2、6 挡离合器调节阀组;5-3、5 挡倒挡离合器调节阀组;6-离合器活塞挡油板进油调节阀机构;7-液力变矩器离合器调节器接合阀组;8-离合器选择阀组;9-执行器进油量限制阀组;10-手动阀

（1）阀门弹簧可能压缩得很紧,拆下固定件和螺栓时必须小心,否则可能会导致人身伤害。

（2）清洗自动变速器部件后,使其风干。不要使用抹布或纸巾擦干任何变速器部件,抹布上的绒头会导致部件故障。

（3）切勿重复使用清洗溶剂。用过的清洗溶剂有粉末沉淀物,会损坏部件。

（4）清洁和检查所有阀部件和阀体。控制阀体总成仅作为一个总成进行更换。

4 控制阀筒状盖板的清洁和检查

控制阀筒状盖板的清洁和检查可参照图 4-24 所示进行。

> **注意**:检查控制阀油路板螺栓的通孔是否损坏,任何损坏都可能导致泄漏,必要时进行更换。

图4-24 控制阀筒状盖板的清洁和检查

1-油路板至阀体隔板总成；2-控制阀油路板；3-控制阀体导销

5 控制阀体总成的装配

控制阀体总成的装配可参照图4-25所示进行，并关注以下事项：

图4-25 控制阀体总成的装配

1-控制阀体单向球阀(数量：6)；2-油路板隔板总成；3-控制阀油路板；4-控制阀体螺栓 M5×40.5(数量：1，拧紧力矩为7N·m)；5-控制电磁阀支架

(1)检查控制阀油油路板螺栓的通孔是否损坏或凹陷。任何损坏都可能导致泄漏,必要时进行更换。

(2)所有紧固件应遵守"紧固件告诫"。

6 控制阀体总成的安装

(1)控制阀体总成的安装。控制阀体总成的安装可参照图4-26所示进行,并关注以下事项:

图4-26 控制阀体总成的安装

1-低速挡和倒挡离合器油道密封件;2-1、2、3、4挡离合器油道密封件;3-控制阀体隔板总成;4-控制阀体总成;5-控制阀体螺栓M6×60(数量:9,拧紧力矩为11N·m);6-控制阀体螺栓M6×53(数量:2,拧紧力矩为11N·m);7-手动换挡轴止动杆弹簧总成;8-手动换挡轴止动弹簧螺栓M6×16(数量:1,拧紧力矩为12N·m);9-油位控制阀衬垫;10-油位控制阀

① 安装控制阀体总成时,应将手动阀对准手动轴杆。

② 所有紧固件应遵守"紧固件告诫"。

(2)控制电磁阀(带阀体和自动变速器控制模块)总成的安装。控制电磁阀

(带阀体和自动变速器控制模块)总成的安装可参照图4-27所示进行,并关注以下事项:

①在拆卸或安装控制电磁阀过滤板总成时要小心。破损或缺失的固定凸舌不能完全将过滤板固定至控制电磁阀总成,有可能导致损坏或污染。如破损或缺失,应安装新的过滤板,防止油液从油封处泄漏。

②所有紧固件应遵守"紧固件告诫"。

图4-27 控制电磁阀(带阀体和自动变速器控制模块)总成的安装
1-控制电磁阀总成过滤板;2-控制电磁阀(带阀体和自动变速器控制模块)总成;3-控制阀体螺栓 M5×40.5(数量:3,拧紧力矩为7N·m);4-控制阀体螺栓 M6×97(数量:12,拧紧力矩为10N·m)

(3)控制阀体盖的安装。控制阀体盖的安装可参照图4-28所示进行,并关注以下事项:

①不要重复使用控制阀体盖线束连接器孔密封件。

②不要重复使用控制阀体盖衬垫。

③所有紧固件应遵守"紧固件告诫"。

图 4-28 控制阀体盖的安装

1-输入轴转速传感器连接器;2-输出轴转速传感器连接器;3-换挡位置开关连接器;4-控制阀体盖线束连接器孔密封件;5-控制阀体盖衬垫;6-控制阀体盖;7-控制阀体盖螺栓 M6×30(数量:13,拧紧力矩为 12N·m)

小 结

1. 液压控制系统的基本组成包括动力源、执行机构和控制机构3大部分。液压控制系统的动力源是油泵(又称液压泵),它是整个液压控制系统的工作基础。执行机构主要由离合器油缸、制动器油缸等组成,其功用是在控制油压的作用下实现离合器的接合和分离、制动器的制动和松开动作,以便得到相应的挡位。控制机构包括阀体和各种阀,包括主油路调压阀、手动阀、换挡阀等。液压控制系统还包括一些辅助装置,如用于防止换挡冲击的储能减振器、节流控制阀等。

2. 油泵的功用是向自动变速器各部分提供具有一定油压、足够流量、合适温度的液压油。油泵类型主要有齿轮泵、转子泵和叶片泵。

3. 主油路调压阀的作用是将油泵输出压力精确调节到所需值后再输入主油路,以满足主油路系统在不同工况、不同挡位时,具有不同油压的要求。

4. 次调压阀是把主油路调压阀泄出的油压调节成液力变矩器油压。

5. 手动阀又称为手控阀或手动换挡阀,与驾驶室内的换挡杆相连,其功用是控制各挡位油路的转换。

6. 电控自动变速器换挡阀的工作由换挡电磁阀控制,其控制方式有两种:一种是加压控制,即通过开启或关闭换挡阀控制油路进油孔来控制换挡阀的工作;另一种是泄压控制,即通过开启或关闭换挡阀控制油路泄油孔来控制换挡阀的工作。

7. 节流控制阀的作用有两个,一是使作用在离合器和制动器上的油压缓慢上升,以减轻接合时的冲击;二是使作用在离合器和制动器上的油压泄油时尽快泄出,使分离迅速彻底,防止摩擦片分离不彻底造成磨损。

8. 储能减振器通常用于防止离合器和制动器在接合时的冲击。

9. 液压控制系统主要维修项目有油泵的维修和控制阀体总成的维修。

复习思考题

一、选择题

1. 自动变速器上的(　　)零件用于驱动油泵。
   A. 行星齿轮变速机构　B. 储能减振器　　　C. 液力变矩器

2. 下列自动变速器换挡执行元件中,不是以液压控制的是(　　)。
   A. 单向离合器　　　B. 离合器　　　　　C. 制动器

3. (　　)的作用是将油泵输出压力精确调节到所需值后再输入主油路。
   A. 主油路调压阀　　B. 次调压阀　　　　C. 换挡阀

4. 次调压阀是把(　　)泄出的油压调节成液力变矩器油压。
   A. 主油路调压阀　　B. 手动阀　　　　　C. 换挡阀

二、判断题

1. 自动变速器严禁使用手动变速器齿轮油、主减速器专用油或发动机机油。(　　)

2. 自动变速器必须加注厂家规定的自动变速器油(ATF)。(　　)

3. 自动变速器中的内啮合式齿轮泵,其内齿轮是不旋转的。(　　)

4. 自动变速器的内啮合式齿轮泵是靠液力变矩器壳体驱动的。(　　)

5. 主油路调压阀的作用是将油泵输出压力精确调节到所需值后再输入主油路。(　　)

6. 次调压阀的作用是将油泵输出压力精确调节到所需值后再输入主油路。(　　)

7. 次调压阀是把主油路调压阀泄出的油压调节成液力变矩器油压。（ ）

8. 满足主油路系统在不同工况、不同挡位时,具有不同油压的要求是主油路调压阀的作用。（ ）

9. 满足主油路系统在不同工况、不同挡位时,具有不同油压的要求是次调压阀的作用。（ ）

10. 节气门开度较小时,自动变速器所传递的转矩较小,执行机构中的离合器、制动器不易打滑,主油路压力可以降低。（ ）

三、简答题

1. 简述自动变速器液压控制系统的基本组成。
2. 简述内啮合齿轮泵的结构和工作原理。
3. 简述自动变速器在不同工况时对油压的要求。
4. 简述液压控制系统的工作原理。

第五章

自动变速器电子控制系统的构造与维修

学习目标

1. 掌握自动变速器电子控制系统的基本组成和作用；
2. 掌握自动变速器电子控制系统主要传感器及开关的作用和工作原理；
3. 掌握自动变速器电子控制系统主要执行器的作用和工作原理；
4. 掌握自动变速器电子控制系统电控单元的作用和工作原理；
5. 熟悉自动变速器电子控制系统主要维修项目及方法。

第一节 电子控制系统的构造与工作原理

一、概述

自动变速器的电子控制系统包括传感器及开关、电子控制单元（ECU）和执行器三部分，其组成框图如图5-1所示。

传感器及开关部分主要包括节气门位置传感器、车速传感器、发动机转速传感器、输入轴转速传感器、冷却液温度传感器、ATF温度传感器、驻车挡/空挡位置开关（又称空挡起动开关）、强制降挡开关、制动灯开关、模式选择开关、OD开关等。

执行器部分主要包括各种电磁阀和故障指示灯等。

ECU主要完成换挡控制、锁止离合器控制、油压控制、故障诊断和失效保护等功能。自动变速器的自动换挡主要取决于发动机负荷和车速，通过节气门位置传感器来感知发动机负荷的大小，通过车速传感器感知车速的情况，并将这两个信号发送给自动变速器ECU，ECU根据存储器中的换挡程序决定升挡或降挡，然后再给换挡电磁阀发出控制信号，换至相应挡位。

例如，对于丰田车系的四挡自动变速器，换挡情况见表5-1。当自动变速器

ECU 使 1 号换挡电磁阀通电,2 号换挡电磁阀断电,则自动变速器为一挡。

图 5-1 自动变速器电子控制系统组成框图

自动变速器的换挡等控制还要取决于冷却液温度、ATF 温度等信号。如果冷却液温度、ATF 温度过低,自动变速器不会升挡。

汽车自动变速器构造与维修(第4版)

丰田车系的四挡自动变速器换挡情况　　　表 5-1

挡　位	换挡电磁阀	
	1 号	2 号
一挡	○	×
二挡	○	○
三挡	×	○
四挡	×	×

注：○表示通电；×表示断电。

如果自动变速器在工作过程中，满足了锁止离合器的工作情况，自动变速器 ECU 就会给锁止离合器(TCC)电磁阀(一般称为 3 号电磁阀)通电，切换油路使锁止离合器工作。

在换挡过程中，为了防止换挡冲击，自动变速器还会通过 4 号电磁阀控制换挡油压。

自动变速器 ECU 具有自诊断功能，如果电子控制系统出现故障，ECU 会将故障码存储在存储器中，以便读取；另外 ECU 还会点亮 OD OFF 指示灯(或故障指示灯)提示自动变速器出现故障，并可通过 OD OFF 指示灯的闪烁读取故障码。

如果自动变速器出现故障，除了 OD OFF 指示灯等会点亮，一般自动变速器还会锁挡，即自动变速器不会升挡也不会降挡，锁挡一定有故障码。

二、传感器及开关的结构与工作原理

1 节气门位置传感器(TPS)

1) 功用

节气门位置传感器安装在节气门体上，用于检测节气门开度的大小，并将数据传送给 ECU，ECU 根据此信号判断发动机负荷，从而控制自动变速器的换挡、主油路油压的调节和对锁止离合器进行控制。

2) 结构和工作原理

一般是采用线性输出型节气门位置传感器，也称可变电阻式传感器，其结构和工作原理如图 5-2 所示，实际上是一个滑动变阻器，E2 是搭铁端子，IDL 是怠速端子，VTA 是节气门开度信号端子，VC 是 ECU 供电端子，ECU 提供恒定 5V 电压。当节气门开度增加,节气门开度信号触点逆时针转动,VTA 端子输出电压也线性增大。如图 5-3 所示,VTA 端子输出电压与节气门开度成正比。当怠速时,怠速开关闭合,IDL 端子电压为 0V。

图 5-2　节气门位置传感器的结构和工作原理

图 5-3　VTA 端子输出电压与节气门开度的关系

2 车速传感器(VSS)

1)功用

车速传感器用于检测自动变速器输出轴转速,自动变速器 ECU 根据车速传感器输入的信号计算出车速,并以此信号控制自动变速器的换挡和锁止离合器的工作。

2)类型

常见的车速传感器有电磁式、舌簧开关式、光电式 3 种形式。一般自动变速器装有两个车速传感器,分为 1 号车速传感器和 2 号车速传感器。2 号车速传感器一般为电磁式的,它装在自动变速器输出轴附近的壳体上,为主车速传感器,1 号车速传感器一般为舌簧开关式的,为副车速传感器,它装在车速表的转子附近,负责车速的传输,它同时也是 2 号车速传感器的备用件,当 2 号车速传感器失效后,由 1 号车速传感器代替其工作。下面以常见的电磁式车速传感器为例介绍其结构和工作原理。

3)电磁式车速传感器的结构和工作原理

如图 5-4 所示,电磁式车速传感器主要由永久磁铁、电磁感应线圈、转子等组成。转子一般安装在变速器输出轴上,永久磁铁和电磁感应线圈安装在变速器壳体上,如图 5-4c)所示。当输出轴转动,转子也转动,转子与传感器磁极之间的空气间隙发生周期性变化,使电磁感应线圈中磁通量也发生变化,从而产生交流感应电压,如图 5-4b)所示,并输送给 ECU。交流感应电压随着车速(输出轴转速)具有两个响应特性,一是随着车速的增加,交流感应电压增高;二是随着车速的增加,交流感应电压脉冲频率也增加。ECU 是根据交流感应电压脉冲频率大小计算车速,并以此控制自动变速器的换挡。

图 5-4 电磁式车速传感器的结构和工作原理

3 输入轴转速传感器

对于乘用车自动变速器,一般在齿轮变速机构输入轴附近的壳体上装有检测输入轴转速的输入轴转速传感器,该传感器一般采用电磁式,其结构和工作原理及检测与车速传感器一样。

自动变速器 ECU 根据输入轴转速传感器的信号可以更精确地控制换挡。另外,ECU 还可以把该信号与发动机转速信号进行比较,计算出液力变矩器的转速比,使主油路油压和锁止离合器的控制得到优化,以改善换挡、提高行驶性能。

4 冷却液温度传感器

1)功用

冷却液温度传感器的信号不仅用于发动机的控制,还用于自动变速器的控制。当发动机冷却液温度低于设定温度(如 60℃),发动机 ECU 会发送一个信号给自动变速器 ECU 的 OD_1 端子,以防止自动变速器换入超速挡,同时锁止离合器也不能工作。当发动机冷却液温度过高时,自动变速器 ECU 会让锁止离合器工作以帮助发动机降低冷却液的温度,防止自动变速器过热。

如果冷却液温度传感器有故障,发动机 ECU 会自动将冷却液温度设定为 80℃,以便发动机和自动变速器可以工作。

2)结构和工作原理

冷却液温度传感器一般都是一个负温度系数的热敏电阻(图 5-5),即温度升高,电阻下降。如图 5-6 所示,发动机 ECU 在 THW 端子接收到一个与冷却液温度成正比的电压,从而得到冷却液温度信号。

图 5-5　冷却液温度传感器　　　　图 5-6　冷却液温度传感器线路图

5 模式选择开关

1)功用

模式选择开关是供驾驶人选择所需要的行驶或换挡模式的开关。大部分车型都具有常规模式(N 或 NORM)和动力模式(P 或 PWR),有些车型还有经济模式(E 或 ECO)。自动变速器 ECU 根据所选择的行驶模式执行不同的换挡程序,控制换挡和锁止正时。如选择动力模式,自动变速器会推迟升挡,以提高动力性;而选择经济模式,自动变速器会提前升挡,以提高经济性,常规模式介于两者之间。

2)结构和工作原理

图 5-7 所示为常见的具有常规和动力两种模式的模式选择开关线路图,当开关接通 NORM(常规模式),仪表盘上 NORM 指示灯点亮,同时自动变速器 ECU 的 PWR 端子的电压为 0V,ECU 从而知道选择了常规模式;当开关接通 PWR(动力模式),仪表盘上 PWR 指示灯点亮,同时自动变速器 ECU 的 PWR 端子的电压为 12V,ECU 从而知道选择了动力模式。

6 驻车挡/空挡位置开关

1)功用

驻车挡/空挡位置开关(又称空挡起动开关)有两个功用,一是给自动变速器

ECU 提供挡位信息,二是保证只有换挡杆置于 P 或 N 挡位才能起动发动机。

图 5-7　模式选择开关线路图

2) 结构和工作原理

如图 5-8 所示,当换挡杆置于不同的挡位时,仪表盘上相应的挡位指示灯会点亮。当 ECU 的端子 N、2 或 L 与端子 E 接通时,ECU 便分别确定自动变速器位于 N、2 或 L 位;否则,ECU 便确定变速器位于 D 挡位。只有当换挡杆置于 P 或 N 挡位时,端子 B 与 NB 接通,才能给起动机通电,使发动机起动。

图 5-8　驻车挡/空挡位置开关线路图

7　OD 开关

1) 功用

OD 开关(超速挡开关)一般安装在换挡杆上,由驾驶人操作控制,可以使自动变速器有或没有超速挡。

2) 结构和工作原理

如图 5-9 所示,当按下 OD 开关(ON),OD 开关的触点实际为断开,此时

ECU 的 OD$_2$ 端子的电压为 12V，自动变速器可以升至超速挡，且 OD OFF 指示灯不亮。

图 5-9　OD 开关 ON 的线路图

如图 5-10 所示，当再次按下 OD 开关，OD 开关会弹起(OFF)，OD 开关的触点实际为闭合，此时 ECU 的 OD$_2$ 端子的电压为 0V，自动变速器不能升至超速挡，且 OD OFF 指示灯点亮。

图 5-10　OD 开关 OFF 的线路图

8　制动灯开关

1）功用

自动变速器 ECU 通过制动灯开关检测是否踩下制动踏板，如果踩下制动踏板，ECU 会取消锁止离合器的工作。

2）结构和工作原理

如图 5-11 所示，制动灯开关安装在制动踏板支架上。当踩下制动踏板，开关接通，ECU 的 STP 端子电压为 12V；当松开制动踏板，开关断开，STP 端子电压为 0V。ECU 根据 STP 端子的电压变化了解制动踏板的工作情况。

图 5-11 制动灯开关线路图

三、执行器的结构与工作原理

电子控制系统的执行器主要指电磁阀和故障指示灯,这里只介绍电磁阀。

根据电磁阀功能的不同,可以分为换挡电磁阀、锁止离合器电磁阀和油压电磁阀。根据工作原理的不同,可以分为开关式电磁阀和占空比式(脉冲线性式)电磁阀。不同的自动变速器使用的电磁阀数量不同,一般为3~8个不等。绝大多数换挡电磁阀是采用开关式电磁阀,油压电磁阀是采用占空比式电磁阀,而锁止离合器电磁阀采用开关式的和占空比式的都有。

1 开关式电磁阀

1)功用

开关式电磁阀的功用是开启或关闭液压油路,通常用于控制换挡阀和部分车型锁止离合器的工作。

2)结构和工作原理

开关式电磁阀由电磁线圈、衔铁、复位弹簧、阀芯和球阀等组成,如图 5-12 所示。开关式电磁阀有两种工作方式,一种是使油路油压上升或使油路泄压,如图 5-12a)所示,当电磁线圈不通电时,阀芯被油压推开,打开泄油孔,油路的液压油经电磁阀泄掉;当电磁线圈通电时,在电磁吸力作用下衔铁和阀芯下移,关闭泄油孔,使主油道油压上升。另一种是开启或关闭某一条油路,即当电磁线圈不通电时,油压将阀芯推开,球阀在油压作用下关闭泄油孔,打开进油孔,使主油道压力油进入控制油道,如图 5-12b)所示;当电磁线圈通电时,电磁力使衔铁和阀芯下移,推动球阀关闭进油孔,打开泄油孔,控制油道内的压力油经泄油孔泄空,如图 5-12c)所示。

第五章　自动变速器电子控制系统的构造与维修

图 5-12　开关式电磁阀

2 占空比式电磁阀

1）占空比的概念

占空比是指一个脉冲周期中通电时间所占的比例（百分数），如图 5-13 所示。

2）结构和工作原理

占空比式电磁阀（又称为线性脉冲式电磁阀）与开关式电磁阀类似,也是有电磁线圈、滑阀、弹簧等组成,如图 5-14 所示。占空比式电磁阀通常用于控制油路的油压,有的车型的锁止离合器也采用此种电磁阀控制。当电磁线圈通电

图 5-13　占空比

时,电磁力使阀芯或滑阀开启,液压油经泄油孔排出,油路压力随之下降;当电磁线圈断电时,阀芯或滑阀在弹簧弹力的作用下将泄油孔关闭,使油路压力上升。与开关式电磁阀不同的是,控制占空比式电磁阀的电信号不是恒定不变的电压信号,而是一个固定频率的脉冲电信号,在脉冲电信号的作用下,电磁阀不断开启、关闭泄油口。

占空比式电磁阀有两种工作方式,一种是占空比越大,经电磁阀泄油越多,油压就越低;另一种是占空比越大,油压越高。

图 5-14 占空比式电磁阀

四、电子控制单元的结构与工作原理

电子控制单元英文缩写为 ECU(俗称电脑)。自动变速器 ECU 具有换挡控制、锁止离合器控制、换挡平顺性控制、故障诊断、失效保护等功能。

1 换挡控制

自动变速器换挡时刻的控制是 ECU 最重要的控制内容之一。汽车在某个特定工况下都有一个与之对应的最佳换挡时刻,使汽车发挥出最好的动力性和经济性。汽车行驶过程中,ECU 根据模式选择开关信号、节气门开度信号、车速信号等参数来打开或关闭换挡电磁阀,从而打开或关闭通往离合器、制动器的油路,使变速器升挡或降挡。

图 5-15 所示为常见四挡自动变速器的自动换挡图,具有如下特点:

(1)随着节气门开度增加,升挡或降挡车速增加。以二挡升三挡为例,当节气门开度为 2/8 时,升挡车速为 35km/h,降挡车速为 12km/h;当节气门开度为 4/8 时,升挡车速为 50km/h,降挡车速为 25km/h。所以在实际的换挡操作过程中,一般可以采用"收油门"的方法来快速升挡。

(2)升挡车速高于降挡车速,以免自动变速器在某一车速附近频繁升挡、降挡而加剧自动变速器的磨损。

图5-15 常见四挡自动变速器的自动换挡图

2 锁止离合器控制

自动变速器ECU将各种行驶模式下锁止离合器的工作方式编程存入存储器,然后根据各种输入信号,控制锁止离合器电磁阀的通、断电,从而控制锁止离合器的工作。

1)锁止离合器工作的条件

如果满足以下5个条件,ECU会接通锁止离合器电磁阀,使锁止离合器处于接合状态。

(1)换挡杆置于D位,且挡位在D_2、D_3或D_4挡;

(2)车速高于规定值;

(3)节气门开启(节气门位置传感器IDL触点断开);

(4)冷却液温度高于规定值;

(5)未踩下制动踏板(制动灯开关未接通)。

2)锁止的强制取消

如果符合下面条件中的任何一项,自动变速器ECU就会给锁止离合器电磁阀断电,使锁止离合器分离。

(1)踩下制动踏板(制动灯开关接通);

(2)发动机怠速(节气门位置传感器IDL触点闭合);

(3)冷却液温度低于规定值(如60℃);

(4)当巡航系统工作时,如果车速降至设定车速以下至少10km/h。

3 换挡平顺性控制

自动变速器改善换挡平顺性的方法有换挡油压控制、减少转矩控制和N-D

换挡控制。

1）换挡油压控制

自动变速器在升挡和降挡的瞬间，ECU 会通过油压电磁阀适当降低主油路油压，以减少换挡冲击，改善换挡。也有的自动变速器是在换挡时通过电磁阀来减小蓄能器背压，以减缓离合器或制动器油压的增长率，来减少换挡冲击。

2）减少转矩控制

在自动变速器换挡的瞬间，通过推迟发动机点火时刻或减少喷油量，减少发动机输出转矩，以减少换挡冲击和输出轴的转矩波动。

3）N-D 换挡控制

当换挡杆由 P 位或 N 位置于 D 位或 R 位时，或由 D 位或 R 位置于 P 位或 N 位时，通过调整喷油量，把发动机转速的变化减少到最小限度，以改善换挡。

4 故障自诊断

自动变速器 ECU 具有内置的自诊断系统，它不断监控各传感器、信号开关、电磁阀及其线路，当有故障时，ECU 使 OD OFF 指示灯闪烁，以提醒驾驶人或维修人员；并将故障内容以故障码的形式存储在存储器中，以便维修人员采用人工或仪器的方式读取故障码。

当故障排除后，OD OFF 指示灯将停止闪烁，不过故障码仍然会保留在 ECU 存储器中。

当 OD 开关 ON 时（OD 开关断开），如果有故障，OD OFF 指示灯将点亮而不是闪烁。

> **注意**：不同的自动变速器，故障指示灯不同。如丰田车系采用 OD OFF，通用车系采用 Service Engine Soon 指示灯，本田车系采用 D_4 指示灯。

5 失效保护

当自动变速器出现故障时，为了尽可能使自动变速器保持最基本的工作能力，以维持汽车行驶，便于汽车进厂维修，ECU 都具有失效保护功能。

（1）当传感器出现故障时，ECU 所采取的失效保护措施是：

①节气门位置传感器出现故障时，ECU 根据怠速开关的状态进行控制。当怠速开关断开时（加速踏板被踩下），按节气门开度为 1/2 进行控制，同时节气门油压为最大值；当怠速开关接通时（加速踏板完全放松），按节气门处于全闭状态进行控制，同时节气门油压为最小值。

②车速传感器出现故障时,ECU 不能进行自动换挡控制,此时自动变速器的挡位由换挡杆的位置决定,丰田车系锁挡情况见表5-2。某些车型的自动变速器,不论换挡杆在任何前进挡位,都固定为一挡,以保持汽车最基本的行驶能力。

丰田车系锁挡情况　　　　　　　表5-2

换挡杆位置	D	2	L	R
挡位	四挡	三挡	一挡	倒挡

③冷却液温度传感器或 ATF 温度传感器出现故障时,ECU 按温度为80℃的设定进行控制。

(2)电磁阀出现故障时,ECU 所采取的失效保护措施是:

①换挡电磁阀出现故障时,ECU 一般会将自动变速器锁挡,挡位与换挡杆的位置有关。

②锁止离合器电磁阀出现故障时,ECU 会停止锁止离合器的控制,使锁止离合器始终处于分离状态。

③油压电磁阀出现故障时,ECU 会停止油压的控制,使油路压力保持为最大。

第二节　电子控制系统的维修

一、实训器材

(1)车辆:雪佛兰科鲁兹1.6L乘用车,雪佛兰科鲁兹1.6L乘用车的6T30型自动变速器。

(2)普通工具:组合扳手、螺丝刀、钳子、扭力扳手、撬杆。

(3)专用工具:EL 35616GM 许可的端子测试组件、EL 38522 可变信号发电机、DT-41229 手动换挡轴销安装工具、DT-23129 通用密封件拆卸工具、GE-6125-1B 惯性锤、DT-48616 电磁阀总成测试组件和 DT-48616-10 适配器线束。

(4)检测工具:游标卡尺、检测仪、万用表、压力表。

(5)其他:油盆、自动变速器油 DEXRON® Ⅵ。

二、准备工作

(1)将工位清理干净。

(2)准备好相关的器材。

三、操作步骤

(一)输入轴转速传感器(ISS)和输出轴转速传感器(OSS)的维修

输入轴转速传感器(ISS)的结构如图 5-16 所示,输出轴转速传感器(OSS)的结构如图 5-17 所示。

图 5-16 输入轴转速传感器(ISS)的结构

图 5-17 输出轴转速传感器(OSS)的结构

1 输入轴转速传感器更换

1)拆卸程序

(1)拆下控制电磁阀和自动变速器控制装置模块总成。

(2)如图 5-18 所示,断开输入轴转速传感器电气连接器 1。

(3)如图 5-19 所示,拆下输入轴转速传感器螺栓 2。

(4)拆下输入轴转速传感器 3。

注意:按压螺栓上的锁舌,使其从壳体上分离以避免损坏固定件。

(5)拆下 3 个输入轴转速传感器的密封件 1。

注意:报废油封,且不可重复使用。

2)安装程序

(1)安装 3 个输入轴转速传感器密封件 1(图 5-19)。

(2)安装输入轴转速传感器 3(图 5-19)。

(3)安装输入轴转速传感器螺栓 2(图 5-19),并且紧固至 12N·m。

注意：所有紧固件应遵守"紧固件告诫"。

图 5-18　输入轴转速传感器的拆卸（一）
1-输入轴转速传感器电气连接器；2-输出轴转速传感器电气连接器；3-换挡位置开关电气连接器

图 5-19　输入轴转速传感器的拆卸（二）
1-输入轴转速传感器的密封件（数量：3）；2-输入轴转速传感器螺栓 M6×23（数量：1）；3-输入轴转速传感器

（4）连接输入轴转速传感器电气连接器。
（5）安装控制电磁阀和自动变速器控制模块总成。
（6）执行自动变速器自适应值读入程序。

2　输出轴转速传感器更换

输出轴转速传感器的更换可参照图 5-20 所示进行，并注意以下事项：
（1）先拆下控制阀体，然后拆卸输出轴转速传感器。
（2）安装输出轴转速传感器后，应执行自动变速器自适应值读入程序。
（3）所有紧固件应遵守"紧固件告诫"。

3　输入轴转速传感器和输出轴转速传感器的输入测试

输入轴转速传感器和输出轴转速传感器输入测试的目的是向控制电磁阀总成输入轴/输出轴转速传感器输入电路，提供模拟的输入轴/输出轴转速传感器（ISS/OSS）信号。输入轴转速传感器和输出轴转速传感器的输入测试如图 5-21 所示，所需的专用工具为 EL35616GM 许可的端子测试组件、EL38522 可变信号发生器。

图 5-20 输出轴转速传感器的更换

1-输出轴转速传感器螺栓 M6×18(数量:1,拧紧力矩为 12N·m);2-输出轴转速传感器

图 5-21 输入轴转速传感器和输出轴转速传感器的输入测试

1-输入轴转速传感器线束连接器 X3;2-输出轴转速传感器线束连接器 X4

1) 自动变速器输入轴转速传感器的测试

(1) 将点火开关置于"OFF"(关闭)位置,将输入轴转速传感器线束连接器 1 从控制电磁阀总成上断开。

(2) 将点火开关置于"ON"(打开)位置,测试端子 B 电压是否为 11~14V。如果不在规定范围,则更换控制电磁阀总成。

(3) 将点火开关置于"OFF"(关闭)位置,用 EL 35616 端子测试组件将 EL 38522 可变信号发生器红色引线连接至自动变速器控制模块上的输入轴转速传

感器信号电路端子 A。

(4)连接 EL 38522 可变信号发生器的黑色引线至搭铁。

(5)将 EL 38522 可变信号发生器设置为5V,频率设置为300Hz,占空比设置为50%或正常位置。

(6)将点火开关置于"ON"(打开)位置,用故障诊断仪确认"Transmission ISS"(自动变速器输入轴转速传感器)参数在 495~505r/min。如果不在规定范围,则更换控制电磁阀总成。

2)自动变速器输出轴转速传感器的测试

(1)将点火开关置于"OFF"(关闭)位置,将输出轴转速传感器线束连接器 2 从控制电磁阀总成上断开。

(2)将点火开关置于"ON"(打开)位置,测试端子 B 电压是否为 11~14V。如果不在规定范围,则更换控制电磁阀总成。

(3)将点火开关置于"OFF"(关闭)位置,用 EL 35616 端子测试组件将 EL 38522 可变信号发生器的红色引线连接至自动变速器控制模块上的输出轴转速传感器信号电路端子 A。

(4)连接 EL 38522 可变信号发生器的黑色引线至搭铁。

(5)将 EL 38522 可变信号发生器设置为5V,频率设置为300Hz,占空比设置为50%或正常位置。

(6)在点火开关置于"ON"(打开)位置时,用故障诊断仪确认"Transmission OSS(自动变速器输出轴转速传感器)"参数在 745~825r/min。如果不在规定范围,则更换控制电磁阀总成。

(二)带换挡轴位置开关的手动换挡止动杆总成的维修

带换挡轴位置开关的手动换挡止动杆总成的结构如图 5-22 所示。

图 5-22　带换挡轴位置开关的手动换挡止动杆总成的结构

1 拆卸程序

(1) 拆下控制阀体。

(2) 如图5-23所示,使用撬杆和钳子,拆下手动换挡轴止动杆轮毂销1,并报废。

图5-23 带换挡轴位置开关的手动换挡止动杆总成的拆卸

1-手动换挡轴止动杆轮毂销;2-手动换挡轴;3-执行器杆;4-手动换挡轴止动杆(带换挡位置开关)总成;5-手动换挡轴销

(3) 使用DT-23129通用密封件拆卸工具、GE-6125-1B惯性锤或同等工具拆下手动换挡轴销5。

注意:报废轴销,且不可再次使用。

(4) 拆下手动换挡轴2。

(5) 将执行器杆3从止动杆总成上断开。不要将执行器杆从自动变速器壳体上拆下。

注意:切勿将驻车执行器杆端推出壳体内的油道机械加工面以外。如果将驻车棘爪执行器总成推离变速器过远,就会使执行器杆从驻车棘爪上脱离,从而出现无驻车挡的情况,此时需要拆解自动变速器总成以将执行器杆重新安装至驻车棘爪。

(6) 拆下手动换挡轴止动杆(带换挡位置开关)总成4。

2 安装程序

(1) 如图5-24所示,将执行器杆3连接至止动杆总成。

(2) 安装手动换挡轴止动杆(带换挡位置开关)总成4。

图 5-24　带换挡轴位置开关的手动换挡止动杆总成的安装

1-手动换挡轴止动杆轮毂销；2-手动换挡轴；3-执行器杆；4-手动换挡轴止动杆（带换挡位置开关）总成；5-手动换挡轴销

（3）安装手动换挡轴 2。

（4）安装手动换挡轴止动杆轮毂销 1 至高度为 79mm（图 5-24 中 b）。

注意：用 DT-41229 将手动换挡轴销安装至适当的高度，以正确固定手动换挡轴。如果销安装过深，则可能导致壳体孔开裂。

（5）使用 DT-41229 销安装工具安装新的手动换挡轴销 5，使用新的销以确保与壳体接合正确。

（6）检查销的安装高度（图 5-24 中 a）是否在 7.2～8.2mm 范围。

（7）安装控制阀体。

（8）执行自动变速器自适应值读入程序。

（三）控制电磁阀和自动变速器控制模块总成维修

控制电磁阀和自动变速器控制模块总成如图 5-25 所示。

1. 拆卸程序

（1）拆下自动变速器控制阀体盖。

① 拆下蓄电池托架。

② 举升和顶起车辆。

③ 排空自动变速器油。

④ 将自动变速器油冷却器进口管从自动变速器上断开。

⑤ 将自动变速器油冷却器出口管从自动变速器上断开。

图 5-25 控制电磁阀和自动变速器控制模块总成

1-控制电磁阀总成过滤板；2-控制电磁阀（带阀体和自动变速器控制模块）总成；3-控制阀体螺栓 M5×40.5（数量：3，拧紧力矩为 7N·m）；4-控制阀体螺栓 M6×97（数量：12，拧紧力矩为 10N·m）

⑥如图 5-26 所示，断开控制阀体自动变速器控制模块电气连接器 1，然后将线束从盖上断开。

图 5-26 控制电磁阀和自动变速器控制模块总成的拆卸（一）

⑦如图 5-27 所示，拆下控制阀体盖螺栓 1。

⑧拆下控制阀体盖 2。

⑨拆下控制阀体盖衬垫 3。

注意: 拆下密封件时,支撑连接器附近的控制电磁阀总成。拉力过大会损坏内部电气连接。

⑩拆下控制阀体盖线束连接器孔密封件4;清除旧衬垫材料的所有痕迹。清洁自动变速器和控制阀体盖衬垫表面。

(2)断开输出轴转速传感器电气连接器2(图5-28)。

(3)断开换挡位置开关电气连接器3(图5-28)。

(4)断开输入轴转速传感器电气连接器1(图5-28)。

(5)如图5-28所示,拆下3个控制阀体螺栓1。

图5-27 控制电磁阀和自动变速器控制模块总成的拆卸(二)

1-控制阀体盖螺栓;2-控制阀体盖;3-控制阀体盖衬垫;4-控制阀体盖线束连接器孔密封件

图5-28 控制电磁阀和自动变速器控制模块总的拆卸(三)

1-控制阀体螺栓 M5×40.5(数量:3);
2-控制阀体螺栓 M6×97(数量:12);
3-带自动变速器控制模块的控制电磁阀总成;4-控制电磁阀总成滤清器隔板

(6)拆下12个控制阀体螺栓2。

(7)拆下带自动变速器控制模块的控制电磁阀总成3。

注意: 在拆卸或安装过滤板总成时要小心。破损或缺失的固定凸舌不能完全将过滤板固定至控制电磁阀总成,有可能导致损坏或污染。

(8)拆下控制电磁阀总成滤清器隔板4。

注意: 报废过滤板不可再次使用。

(9)检查压力开关密封件是否损坏或污染。必要时更换控制电磁阀总成。

(10)检查油路板螺栓的通孔是否损坏或烧损。任成何损坏都可能导致泄漏,必要时进行更换。

2 控制电磁阀和自动变速器控制模块总成的检查

控制电磁阀和自动变速器控制模块总成的检查可参照图5-29所示进行。

图5-29 控制电磁阀和自动变速器控制模块总成的检查

1、2、4、6-控制电磁阀总成连接器和端子;3-控制电磁阀总成电磁线圈引线;5-滤清器隔板固定凸舌;7-压力控制电磁阀3(电阻3.42~4.18Ω);8-压力控制电磁阀2(电阻3.42~4.18Ω);9-液力变矩器离合器压力控制电磁阀(电阻3.42~4.18Ω);10-换挡电磁阀1(电阻16.2~19.8Ω);11-压力控制电磁阀5(电阻3.42~4.18Ω);12-压力控制电磁阀4(电阻3.42~4.18Ω);13-管路压力控制电磁阀(电阻3.42~4.18Ω)

(1)仔细检查控制电磁阀总成连接器和端子1、2、4和6的状况,检查是否存在损坏、端子弯曲、碎屑、固定凸舌断裂、污染等现象,视情况进行修理或更换。

(2)确认连接器端子周围没有金属碎屑,必要时进行清洁。

(3)确认控制电磁阀总成电磁线圈引线3是否被污染或有金属碎屑,必要时进行清洁。

(4)室温条件下,确认各电磁阀电磁线圈引线间的电阻均在图5-29所列范围内。如果任一电磁阀的电阻不在所列范围内,则更换控制阀体总成。

(5)检测控制电磁阀总成上的两个滤清器隔板固定凸舌5是否开裂以及当固定滤清器隔板时,确保合适的张紧力。

3 安装程序

(1) 安装新的控制电磁阀总成滤清器隔板4(图5-28),以防止油液从油封处泄漏。

(2) 安装带自动变速器控制模块的控制电磁阀总成3(图5-28)。

(3) 用手拧紧控制阀体螺栓1(M5×40.5)和控制阀体螺栓(M6×97)2(图5-28)。

(4) 如图5-30所示,固定12个控制阀体螺栓2,并且按顺序紧固至12N·m。

注意:所有紧固件应遵守"紧固件告诫"。

图5-30 控制电磁阀和自动变速器控制模块总成的安装(一)

1-控制阀体螺栓 M5×40.5(数量:3);2-控制阀体螺栓 M6×97(数量:12)

(5) 固定3个控制阀体螺栓1,并且按顺序紧固至8N·m。

(6) 连接输入轴转速传感器电气连接器1(图5-18)。

(7) 连接输出轴转速传感器电气连接器2(图5-18)。

(8) 安装自动变速器控制阀体盖。

①安装控制阀体盖线束连接器孔密封件4(图5-27)。

②将控制阀体盖衬垫3(图5-27),安装至控制阀体盖。

③安装控制阀体盖2(图5-27)。

④用手拧紧控制阀体盖螺栓1(图5-27)。

注意:所有紧固件应遵守"紧固件告诫"。用手安装控制阀体盖螺栓和双头螺栓,然后依次安装所有螺栓和双头螺栓。

⑤安装控制阀体盖螺栓。按图5-31所示顺序将螺栓紧固至12N·m。

图5-31 控制电磁阀和自动变速器控制模块总成的安装(二)

⑥断开控制阀体自动变速器控制模块(TCM)电气连接器1(图5-26),然后将线束从盖上断开。

⑦降下车辆。

⑧将自动变速器油冷却器进口管连接至自动变速器。

⑨将自动变速器油冷却器出口管连接至自动变速器。

⑩用正确的油液将自动变速器加注至正确油位。

⑪安装蓄电池托架。

⑫检查是否泄漏。

(9)维修后,进行编程和设置程序。

(10)执行自动变速器自适应值读入。

4 控制电磁阀和自动变速器控制模块总成电磁阀的性能测试

专用工具:DT-48616电磁阀总成测试组件和适配器线束。

控制电磁阀和自动变速器控制模块总成电磁阀的性能测试如图5-32所示,此程序的目的是测试控制电磁阀总成电磁阀的功能、是否卡在打开位置或关闭位置。DT-48616测试板用螺栓紧固在控制电磁阀总成的阀体安装面上。压缩气体被送入铝制测试盒,通过控制电磁阀总成电磁阀通道,返回测试盒上的压力表中。如果空气压力通过电磁阀,则压力表指示打开;若空气无法通过电磁阀,则压力表指示关闭。用故障诊断仪指令电磁阀接通和断开,观察压力表,可以确定阀的功能是否正常。

> **注意**:进气口可安装在DT-48616测试板的任意一端。

图5-32 控制电磁阀和自动变速器控制模块总成电磁阀的性能测试(一)

(1)将点火开关置于"ON"(打开)位置,用故障诊断仪检查指定的DTC P0842。

(2)确认DTC P0842显示无效。如果参数未显示无效,应确定车型年款、发动机和选装件以选择正确的诊断程序。

(3)将控制电磁阀总成和过滤板从自动变速器上拆下。

(4)用螺栓将DT-48616测试板固定到过滤板和控制电磁阀总成上。使用工具中提供的螺栓和垫圈安装测试盒。采用中心交替的拧紧顺序,将螺栓紧固至5N·m。

> **注意**:所有紧固件应遵守"紧固件告诫"。在连接至测量阀组之前先排出自动变速器控制模块中多余的自动变速器油,将气源连接至测试阀组进气口时应小心。

(5)如图5-33所示,将压力表安装至相应的电磁阀气孔。

> **注意**:如果提供高于345kPa的空气压力,则无法进行换挡电磁阀的精确测试。

图 5-33　控制电磁阀和自动变速器控制模块总成电磁阀的性能测试(二)

(6)将空气压力调节至 310～345kPa,并将管路连接至 DT-48616 测试板进风口。

(7)将 DT-48616-10 适配器线束连接至车辆线束和控制电磁阀总成。

> 注意:自动变速器控制模块限制指令电磁阀接通的时间,以防止电磁阀过热。一旦时间过期,则自动变速器控制模块阻止测试继续进行,并持续 5min。在 5min 的倒计时时间内,点火开关必须保持在 ON 位置。

(8)将点火开关置于"ON"(打开)位置。

> 注意:在两次压力测试之间释放压力表中的空气压力。如果电磁阀卡滞,不会发生压力变化。

(9)用故障诊断仪指令相应电磁阀接通和断开时,确认压力表中的压力应发生变化。必要时重新进行测试。如果压力表未发生变化,更换控制电磁阀总成;如果压力表发生变化,说明电磁阀未卡滞。

小结

1.自动变速器的电子控制系统包括传感器及开关、电子控制单元(ECU)和执行器三部分。

2.传感器及开关部分主要包括节气门位置传感器、车速传感器、发动机转速传感器、输入轴转速传感器、冷却液温度传感器、ATF 温度传感器、驻车挡/空挡位置开关(又称空挡起动开关)、强制降挡开关、制动灯开关、模式选择开关、OD 开关等。

3. 执行器部分主要包括各种电磁阀和故障指示灯。

4. ECU 主要完成换挡控制、锁止离合器控制、油压控制、故障诊断和失效保护等功能。

5. 自动变速器的电子控制系统维修项目主要有输入轴转速传感器(ISS)和输出轴转速传感器(OSS)的维修、带换挡轴位置开关的手动换挡止动杆总成的维修和控制电磁阀和自动变速器控制模块总成维修等。

复习思考题

一、选择题

1. 决定自动变速器换挡时刻的主要传感信息是车速及(　　)。
   A. 节气门开度　　　B. 发动机转速　　　C. 变速器输入轴的转速

2. 下列各项,(　　)不是电控自动变速器的输入传感器。
   A. 节气门位置传感器　B. 车速传感器　　　C. 爆震传感器

3. 在自动变速器中,换挡是由(　　)来控制的。
   A. 发动机进气真空度信号
   B. 换挡开关式电磁阀
   C. 发动机转速信号

4. 在电控自动变速器的控制系统中,使用最广泛的、反映发动机负荷的传感器是(　　)。
   A. 发动机转速传感器　B. 节气门位置传感器　C. 进气流量传感器

5. 在电控自动变速器中,为达到顺利换挡的目的,对换挡阀的控制是采用(　　)。
   A. 止回节流阀　　　B. 开关式电磁阀　　　C. 脉冲式电磁阀

6. 电控自动变速器的电磁阀,安装在(　　)位置。
   A. 与离合器成一体　B. 液控阀体上　　　C. 油泵上

7. 当将电控自动变速器上的电磁阀插头拔下时,车辆(　　)。
   A. 仍可手动换挡
   B. 发动机能起动,但车辆不能行驶
   C. 不能起动发动机

8. 在自动变速器中,换挡电磁阀可以(　　)。
   A. 控制换挡油流的大小

B. 控制换挡油流的通断

C. 控制止回阀的油流

二、判断题

1. ECU 主要完成换挡控制、锁止离合器控制、油压控制、故障诊断和失效保护等功能。（　　）

2. 冷却液温度传感器有故障，自动变速器将不可以工作。（　　）

3. 驻车挡/空挡位置开关的作用是保证只有换挡杆置于 P 或 N 挡位才能起动发动机。（　　）

4. 具有 4 个前进挡的电控自动变速器必须具有 4 个换挡电磁阀。（　　）

三、简答题

1. 简述自动变速器电子控制系统的组成和作用。

2. 自动变速器常用的传感器及开关有哪些，各有什么功用？

3. 电磁阀有几种形式，说出其各自的组成、功用及工作原理。

4. 简述自动变速器电子控制单元的功能。

第六章

自动变速器的使用、维护及性能试验

> **学习目标**
>
> 1. 熟悉自动变速器的正确使用方法;
> 2. 熟悉自动变速器的故障诊断与检修基本方法;
> 3. 掌握自动变速器的维护方法;
> 4. 掌握自动变速器手动换挡试验的目的、测试方法及步骤;
> 5. 掌握自动变速器失速试验的目的、测试方法及步骤;
> 6. 掌握自动变速器换挡时滞试验的目的、测试方法及步骤;
> 7. 掌握自动变速器油压试验的目的、测试方法及步骤;
> 8. 掌握自动变速器道路试验的目的、测试方法及步骤。

第一节 自动变速器的正确使用及故障诊断与检修基本方法

一、自动变速器的正确使用

1 发动机起动

(1)起动发动机时,自动变速器换挡杆必须停放在 P 挡或 N 挡。

(2)汽车在停放状态下起动,必须拉紧驻车制动器操纵杆,踩下制动踏板,然后旋转点火开关起动发动机。在没有制动状态下起动发动机,有时会出现瞬间起步现象,容易发生意外。

2 汽车起步

发动机起动后(车辆从停放状态下起动),须停留几秒钟再挂挡行车。换挡时,必须查看自动变速器换挡杆的位置或仪表板上挡位指示是否正确无误。选定挡位后,放松驻车制动器操纵杆,再缓慢放松制动器踏板,利用蠕动使汽车缓慢起步。

起步时要注意以下事项：

(1) 不允许边踩加速踏板边挂挡。

(2) 不允许先踩加速踏板后挂挡。

(3) 不允许踩着制动踏板或还未松开驻车制动器操纵杆，就猛踩加速踏板。

(4) 除必要时，挂上行驶挡后不应立即把加速踏板踩到底。

3 拖车时注意事项

使用自动变速器的汽车，拖车时必须低速行驶（不得超过50km/h），换挡杆置于N挡，每次被牵引距离不得超过50km。高速长距离牵引时，自动变速器内的旋转件，会因缺乏润滑而烧蚀，并发生卡滞。

自动变速器出现故障需要牵引车辆时，后轮驱动的车型应拆去传动轴；前轮驱动的车型应支起驱动车轮。

4 倒车时注意事项

汽车完全停止行驶后，把换挡杆由D挡换至R挡。没有停稳时不允许从D挡换入R挡，也不允许从R挡换入D挡，否则会引起离合器和制动器损坏。

5 临时停车

在等交通信号临时停车时，换挡杆置于D挡，只需踩下制动踏板防止汽车蠕动，这样放松制动踏板就可以重新起步。但停车时间较长时，应使换挡杆置于P挡或N挡，同时拉紧驻车制动器操纵杆。

6 利用节气门变化进行换挡

(1) 快速放松加速踏板实现提前升挡。汽车在D位1挡起步，保持节气门开度为20%～50%，加速到15km/h时，快速放松加速踏板，变速器便可立即从1挡升入2挡。然后继续踩加速踏板，仍保持原有的节气门开度，加速到30km/h时再次快速放松加速踏板，变速器便可以从2挡升入3挡。然后用同样方法从3挡升入4挡。用这种快速放松加速踏板方法完成升挡，乘坐舒适性好，换挡快。

(2) 踩下加速踏板实现提前降挡。在汽车达到规定的降挡点车速时，稍踩加速踏板即可实现降挡，并可获得和快速放松加速踏板升挡时一样的好处。

7 挡位使用注意事项

不要在N位上行驶。高速滑行时车速高，发动机却怠速运转，油泵出油量减少，输出轴上所有的零件仍在高速运转，会因润滑油不足而烧坏。

低速挡属于发动机强制制动挡，L位或1位通常只在泥泞道路和上坡时使用，不宜长期使用；2位通常在条件不太好的路面或下长坡时使用，也不宜长时间使用。

二、自动变速器故障诊断与检修基本方法

1 自动变速器故障诊断与检修注意事项

(1) 自动变速器的故障诊断、检修时要遵循由简入繁、由表及里的原则。

(2) 要根据厂家推荐的程序进行。

(3) 拆卸自动变速器时应先清洗外部。

(4) 分解时应将零部件按原顺序放好。

(5) 液压件及油路应用同型号的 ATF 清洗,油路用压缩空气吹通,不能用抹布擦拭。

(6) 零部件装配时应涂抹 ATF。

(7) 更换新的离合器片或制动器片等时,应在装配前放入 ATF 中浸泡 15min 以上。

2 自动变速器故障诊断与检修的基本程序

常见的电控液力自动变速器一般采用的故障诊断与检修的基本程序如下:

(1) 初步检查。

(2) 读取故障码。

(3) 自动变速器手动换挡试验。

(4) 自动变速器失速试验。

(5) 自动变速器换挡迟滞试验。

(6) 自动变速器油压试验。

(7) 自动变速器道路试验。

(8) 电控系统检查。

(9) 车上和车下修理。

当电控液力自动变速器故障车辆进厂后,维修人员询问故障现象、分析车主的陈述,然后通过道路试验等方法确认故障。故障确认后,先进行初步检查,包括:ATF 液面高度的检查、P/N 位置开关总成的检查、换挡锁止控制单元总成的检查等。自动变速器的很多故障可以通过初步检查排除,然后进行故障码的读取及数据流分析。如果有故障码,可以按故障码的提示进行检修;如果没有故障码,要进一步判断故障是发生在机械和液压系统,还是电控系统,方法是进行手动换挡试验。如果是电控系统有故障,要逐步检查、修理或更换;如果是机械和液压系统的故障,要进行失速试验、换挡迟滞试验、油压试验、道路试验,以判断故障部位并进行修理,最后进行试车检验。

第二节　自动变速器的维护

一、实训器材

(1) 车辆：丰田卡罗拉乘用车(配备U341E型自动变速器)。

(2) 普通工具：组合扳手、扭力扳手。

(3) 其他：磁力护裙、转向盘护套、换挡杆手柄套、脚垫和座位套、加油机、回收桶、"Toyota Genuine ATF WS"(丰田纯正ATF WS)和抹布等。

二、准备工作

(1) 汽车进入工位前，将工位清理干净，准备好相关的器材。

(2) 套上转向盘护套、换挡杆手柄套和座位套，铺设脚垫。

(3) 将车辆停放在水平地面上。

(4) 拉紧驻车制动器操纵杆，并将换挡杆置于P位置(图1-7)。

(5) 在车内拉动发动机舱盖手柄，在车外打开并支撑发动机舱盖(图1-8)。

(6) 粘贴翼子板和前脸磁力护裙。

三、操作步骤

1 自动变速器油(ATF)液面高度的检查(车上检查)

驾驶车辆，使发动机和自动变速器处于正常工作温度下。自动变速器油液温度：70～80℃。自动变速器油液容量：6.4L。

(1) 在发动机怠速且制动踏板踩下的情况下，将换挡杆从P位置换到L位置的所有位置，然后回到P位置。

(2) 拉出ATF油尺并将其擦干净。

(3) 将ATF油尺完全推回到油管中。

(4) 再次拉出ATF油尺，并检查液位是否在HOT范围内，如图6-1所示。如果液位低于HOT范围，应加注新的ATF并重新检查液位高度；如果液位超过HOT范围，排放一次，添加适量的新的ATF并重新检查液位。

图6-1　ATF液面高度检查

2 P/N 位置开关总成的检查(车上检查)

(1)拉紧驻车制动器操纵杆并将点火开关置于 ON(IG)位置。

(2)踩下制动踏板,检查并确认当换挡杆在 N 或 P 位置时发动机能起动,而在其他位置时不能起动。

(3)检查并确认当换挡杆在 R 位置时倒车灯点亮,倒挡警告蜂鸣器鸣响,但在其他位置不起作用。

如果发现故障,则应检查 P/N 位置开关的导通性。

3 换挡锁止控制单元总成的检查(车上检查)

1)换挡锁止工作情况的检查

(1)将换挡杆移至 P 位置。

(2)将点火开关置于 OFF 位置。

(3)检查并确认换挡杆不能从 P 位置移至任何其他位置。

(4)将开关置于 ON(IG)位置,踩下制动踏板,检查并确认换挡杆可移至其他位置。

如果不能按规定进行操作,则检查换挡锁止控制单元。

2)换挡锁止释放按钮工作情况的检查

在按下换挡锁止释放按钮的情况下移动换挡杆时,检查并确认换挡杆可从 P 位置移至其他任何位置。

3)钥匙互锁工作情况的检查(不带智能上车进入和起动系统)

(1)将点火开关置于 ON 位置。

(2)踩下制动踏板,并将换挡杆置于除 P 位置外的任何其他位置。

(3)检查并确认点火钥匙不能置于 LOCK 位置。

(4)将换挡杆移至 P 位置,将点火钥匙置于 LOCK 位置,检查并确认点火钥匙可以取下。

如果不能按规定进行操作,则检查换挡锁止控制单元。

第三节　自动变速器性能试验

一、实训器材

(1)车辆:丰田卡罗拉乘用车(配备 U341E 型自动变速器)。

(2)普通工具:组合扳手、扭力扳手。

(3) 其他：磁力护裙、转向盘护套、换挡杆手柄套、脚垫和座位套、加油机、回收桶、"Toyota Genuine ATF WS"（丰田纯正 ATF WS）和抹布等。

二、准备工作

(1) 汽车进入工位前，将工位清理干净，准备好相关的器材。
(2) 套上转向盘护套、换挡杆手柄套和座位套，铺设脚垫。
(3) 将车辆停放在水平地面上。
(4) 拉紧驻车制动器操纵杆，并将换挡杆置于 P 位置（图 1-7）。
(5) 在车内拉动发动机舱盖手柄，在车外打开并支撑发动机舱盖（图 1-8）。
(6) 粘贴翼子板和前脸磁力护裙。

三、操作步骤

（一）自动变速器手动换挡试验

1 目的

自动变速器手动换挡试验的目的是为了确定故障起因是机械系统还是电子控制系统。断开自动变速器线束，以禁止电子控制自动换挡。在此情况下，只能操作换挡杆进行换挡。如果通过操作换挡杆未能换挡，可假定存在机械故障。

2 试验方法及步骤

(1) 将点火开关置于 OFF 位置。
(2) 如图 6-2 所示，断开自动变速器线束连接器。

变速器线束

图 6-2　断开自动变速器线束连接器

(3) 使发动机暖机。

(4) 行驶车辆。

(5) 当换挡杆移至 L、2、3 和 D 位置时,检查自动变速器工作情况,标准状态见表 6-1。

标准状态 表 6-1

换 挡 杆	操 作	换 挡 杆	操 作
L 至 2	未能换挡	D 至 3	未能换挡
2 至 3	未能换挡	3 至 2	未能换挡
3 至 D	未能换挡	2 至 L	未能换挡

(6) 将点火开关置于 OFF 位置。

(7) 连接自动变速器线束连接器。

(8) 清除故障码(DTC)。

注意: 断开自动变速器线束时,自动变速器挡位设置见表 6-2。

自动变速器挡位设置 表 6-2

换 挡 杆	挡 位	换 挡 杆	挡 位
P	驻车挡	3	三挡
R	倒挡	2	三挡
N	空挡	L	三挡
D	三挡		

(二)自动变速器失速试验

1 目的

自动变速器失速试验的目的在于通过测量 D 位置的失速转速来检查自动变速器和发动机的整体性能。

2 注意事项

(1) 应在铺设完好的道路(不会打滑的路)上进行行驶测试。

(2) 在 ATF(自动变速器油)的正常工作温度范围 50~80℃ 下执行测试。

(3) 请勿连续执行本测试超过 5s。

(4) 为确保安全,应在能够提供良好牵引力的宽阔且空旷的平地上进行测试。

(5) 失速试验务必由两人一起完成。一名维修人员进行测试时,另一名维修人员应在车外观察车轮或车轮挡块的状况。

3 试验方法及步骤(图6-3)

图6-3 自动变速器失速试验

(1) 塞住4个车轮。

(2) 将智能检测仪连接到DLC3。

(3) 完全拉紧驻车制动器操纵杆。

(4) 左脚一直牢牢踩住制动踏板。

(5) 起动发动机。

(6) 换至D位置。用右脚将加速踏板踩到底。

(7) 此时快速读取失速转速。标准失速转速:(2400±300)r/min。

如果失速转速不符合标准要求,可以的故障原因见表6-3。

失速转速不符合标准可能的故障原因　　　表6-3

故　　障	可能的故障原因
D位置时发动机失速转速低	1. 发动机动力输出可能不足; 2. 液力变矩器导轮单向离合器工作异常; 注意:如果测量值比规定值低600r/min或更多,则液力变矩器可能有故障
D位置时发动机失速转速高	1. 管路压力过低; 2. 前进挡离合器打滑; 3. 2号单向离合器工作异常; 4. 液位不正确

(三)自动变速器换挡时滞试验

1 目的

发动机怠速转动时将换挡杆从空挡拨至前进挡或倒挡后,需要有一段时间的时滞或延时才能使自动变速器完成换挡工作,这一时间称为自动变速器换挡时滞时间。根据换挡时滞时间的长短,可判断主油路油压及换挡执行元件的工作是否正常。

2 注意事项

(1)在 ATF(自动变速器油)的正常工作温度 50~80℃下执行测试。
(2)两次测试之间一定要有 1min 的间隔。
(3)进行 3 次测试,并测量时滞时间。计算这 3 个时滞时间的平均值。

3 试验方法及步骤(图 6-4)

图 6-4 自动变速器换挡时滞试验

(1)将智能检测仪连接到 DLC3。
(2)完全拉紧驻车制动器操纵杆。
(3)起动发动机并使其暖机,检查怠速转速。怠速转速:大约 700r/min(在 N 位置并且空调关闭)。
(4)将换挡杆从 N 换至 D 位置,用秒表测量从切换换挡杆到感受到冲击的时间间隔。标准时滞时间:N→D 的时间少于 1.2s。
(5)按照同样的方法测量 N→R 的时滞时间。标准时滞时间:N→R 的时间少于 1.5s。

如果 N→D 或 N→R 的时滞时间比规定的时滞时间长,可能的故障原因见表 6-4。

表 6-4 N→D 或 N→R 的时滞时间比规定的时滞时间长故障可能的原因

故　　障	可能的故障原因
N→D 时滞时间较长	1. 管路压力过低; 2. 前进挡离合器磨损; 3. 2 号单向离合器工作异常
N→R 时滞时间较长	1. 管路压力过低; 2. 倒挡离合器磨损; 3. 一挡和倒挡制动器磨损

(四) 自动变速器油压试验

1 目的

自动变速器油压试验是在自动变速器运转时,对液压控制系统的各个油压进行测量。

2 注意事项

(1) 在 ATF(自动变速器油)的正常工作温度 50~80℃下执行测试。

(2) 油压试验务必由两人一起完成,一名维修人员进行测试时,另一名维修人员应在车外观察车轮或车轮挡块的状况。

(3) 注意不要使 SST 软管妨碍排气管。

(4) 检测必须在检查和调整发动机之后进行。

(5) 检测应在空调关闭的情况下进行。

(6) 失速试验时,测试的持续时间不得超过 5s。

3 试验方法及步骤(图 6-5)

(1) 使 ATF 变暖。

(2) 如图 6-6 所示,拆下自动变速器壳左前侧的检测螺塞并连接 SST 09992-00095(09992-00231,09992-00271)。

(3) 完全拉紧驻车制动器操纵杆并塞住 4 个车轮。

(4) 将智能检测仪连接到 DLC3。

第六章　自动变速器的使用、维护及性能试验

图 6-5　自动变速器油压试验　　　　图 6-6　连接 SST

(5) 起动发动机并检查怠速转速。

(6) 用左脚踩住制动踏板并将挡位换至 D 位置。

(7) 在发动机怠速运转时测量管路压力，U341E 型自动变速器管路压力见表 6-5。

U341E 型自动变速器管路压力　　　表 6-5

条　件	D 位置(kPa)	R 位置(kPa)
怠速运转时	372～412	553～623
失速测试	1120～1230	1660～1870

(8) 将加速踏板踩到底。发动机转速达到失速转速时，迅速读取最高管路压力，应符合表 6-5 中所示要求。

(9) 用同样的方法在 R 位置进行测试，应符合表 6-5 中所示要求。如果管路压力不符合规定，可能的故障原因见表 6-6。

管路压力不符合规定故障可能的原因　　　表 6-6

故　障	可能的故障原因
如果在所有位置测量值都偏高	1. 换挡电磁阀 SLT 故障； 2. 调压器阀故障
如果在所有位置测量值都偏低	1. 换挡电磁阀 SLT 故障； 2. 调压器阀故障； 3. 油泵故障

续上表

故　　障	可能的故障原因
如果仅在 D 位置压力偏低	1. D 位置油路漏油； 2. 前进挡离合器故障
如果仅在 R 位置压力偏低	1. R 位置油路漏油； 2. 倒挡离合器故障； 3. 一挡和倒挡制动器故障

(五) 自动变速器道路试验

自动变速器道路试验是诊断、分析自动变速器故障最有效的手段之一。此外,自动变速器在修复之后,也应进行道路试验,以检查其工作性能,检验修理质量。自动变速器的道路试验内容主要有:检查换挡车速、换挡质量以及检查换挡执行元件有无打滑现象等。在道路试验之前,应先使汽车以中低速行驶 5 ~ 10min,让发动机和自动变速器都达到正常工作温度(50 ~ 80℃)。在试验中,通常应将 OD 开关置于 ON 的位置(即 OD OFF 熄灭),并将模式选择开关置于常规模式或经济模式。道路试验的方法如下:

1 D 位置测试

换挡杆置于 D 位置并完全踩下加速踏板,然后检查以下几点:

(1)检查加挡操作。检查并确认一挡→二挡、二挡→三挡、三挡→四挡可加挡,且换挡点与自动换挡规范一致(表6-7)。

> **注意：**
> ①四挡加挡禁止控制:
> a. 发动机冷却液温度为 60℃ 或更低,车速为 70km/h 或更低。
> b. ATF 温度为 10℃ 或更低。
> ②四挡锁止禁止控制:
> a. 踩下制动踏板。
> b. 松开加速踏板。
> c. 发动机冷却液温度为 60℃ 或更低。

(2)检查是否出现换挡冲击和打滑。检查一挡→二挡、二挡→三挡和三挡→四挡加挡时是否出现冲击和打滑现象。

U341E 型自动变速器换挡规范　　表 6-7

操　　作			换挡车速（km/h）
换挡规范 （正常）	D 位置	节气门全开	一挡→二挡　52～58
			二挡→三挡　99～109
			三挡→四挡　158～169
			四挡→三挡　152～163
			三挡→二挡　94～103
			二挡→一挡　45～50
		节气门全关	三挡→四挡　42～47
			四挡→三挡　31～36
	2 位置	节气门全开	一挡→二挡　52～58
			三挡→二挡　92～101
			二挡→一挡　45～50
	L 位置	节气门全开	三挡→二挡　92～101
			二挡→一挡　45～50
锁止点 （节气门开度 5%）	D 位置	四挡	锁止 ON　65～71
			锁止 OFF　61～66
	3 位置	三挡	锁止 ON　112～122
			锁止 OFF　107～117

（3）检查是否出现异常噪声和振动。行驶时换挡杆置于 D 位置并进行一挡→二挡、二挡→三挡和三挡→四挡加挡，以及在锁止状态期间行驶时，检查是否存在异常噪声和振动。

> **注意**：必须彻底检查引起异常噪声和振动的原因，因为这可能是由于差速器、液力变矩器等失衡造成的。

（4）检查强制降挡操作。行驶时换挡杆置于 D 位置，检查从二挡至一挡、三挡至二挡和四挡至三挡强制降挡时的车速。确认各车速都处于自动换挡规范指示的适用车速范围内(表6-7)。

(5)检查强制降挡时是否出现异常冲击和打滑现象。

(6)检查锁止机构。

①换挡杆在D位置(四挡)时,以稳定的速度行驶(锁止打开)。

②轻踩加速踏板,检查并确认发动机转速不急剧变化。

> **注意**:如果发动机转速出现较大跳跃,则不能锁止。

2 3位置测试

换挡杆置于3位置并完全踩下加速踏板,然后检查以下几点。

(1)检查加挡操作。检查并确认一挡→二挡和二挡→三挡可加挡,且换挡点与自动换挡规范一致(表6-7)。

> **注意**:在3位置时不能加挡至四挡。

(2)检查发动机制动。在3位置和三挡下行驶时,松开加速踏板,并检查发动机制动效果。

(3)在加速和减速期间,检查是否存在异常噪声,并在加挡和减挡时检查是否存在冲击现象。

3 2位置测试

换挡杆置于2位置并完全踩下加速踏板,然后检查以下几点:

(1)检查加挡操作。检查并确认一挡→二挡可加挡,且换挡点要与自动换挡规范一致(表6-7)。

> **注意**:在2位置时不能加挡至三挡并锁止。

(2)检查发动机制动。在2位置和二挡下行驶时,松开加速踏板,并检查发动机制动效果。

(3)在加速和减速期间,检查是否存在异常噪声,并在加挡和减挡时检查是否存在冲击现象。

4 L位置测试

换挡杆置于L位置并完全踩下加速踏板,然后检查以下几点:

(1) 检查是否不能加挡。在 L 位置下行驶时,检查是否不能加挡至二挡。

> **注意**:在 L 位置时不能加挡至二挡并锁止。

(2) 检查发动机制动。在 L 位置下行驶时,松开加速踏板,并检查发动机制动效果。

(3) 在加速和减速期间,检查是否出现异常噪声。

5 R 位置测试

换挡杆置于 R 位置,轻踩加速踏板,并检查车辆向后移动时是否出现任何异常噪声或振动。

> **注意**:在进行上述检测之前,请确保检测区域无闲杂人员且畅通无阻。

6 P 位置测试

将车辆停在斜坡(大于 5°)上,换挡杆置于 P 位置后松开驻车制动器,然后检查并确认驻车锁爪能使车辆保持在原地。

7 上坡/下坡控制功能测试

(1) 检查车辆在上坡时,是否不能加挡至四挡。

(2) 检查车辆在下坡时,踩下制动踏板后,是否从四挡自动减挡至三挡。

小 结

1. 自动变速器的正确使用包括:发动机起动、汽车起步、拖车时注意事项、倒车时注意事项、临时停车、利用节气门变化进行换挡和挡位使用注意事项等。

2. 常见的电控液力自动变速器一般采用的故障诊断与检修的基本程序如下:初步检查、读取故障码、自动变速器手动换挡试验、自动变速器失速试验、自动变速器换挡迟滞试验、自动变速器油压试验、自动变速器道路试验、电控系统检查、车上和车下修理等。

3. 自动变速器的维护项目主要包括自动变速器油(ATF)液面高度的检查、P/N 位置开关总成的检查和换挡锁止控制单元总成的检查等。

4. 自动变速器手动换挡试验的目的是为了确定故障起因是机械系统还是电子控制系统。断开自动变速器线束,以禁止电子控制自动换挡。在此情况下,只能操作换挡杆进行换挡。如果通过操作换挡杆未能换挡,可假定存在机械故障。

5. 自动变速器失速试验的目的在于通过测量 D 位置的失速转速来检查自动变速器和发动机的整体性能。

6. 发动机怠速转动时将换挡杆从空挡拨至前进挡或倒挡后,需要有一段时间的时滞或延时才能使自动变速器完成换挡工作,这一时间称为自动变速器换挡时滞时间。根据换挡时滞时间的长短,可判断主油路油压及换挡执行元件的工作是否正常。

7. 自动变速器油压试验是在自动变速器运转时,对液压控制系统的各个油压进行测量。

8. 自动变速器道路试验是诊断、分析自动变速器故障最有效的手段之一。测试项目包括 D 位置测试、3 位置测试、2 位置测试、L 位置测试、R 位置测试、P 位置测试和上坡/下坡控制功能测试。

复习思考题

一、选择题

1. 自动变速器的失速试验是通过测量在 D 挡位时的失速转速来(　　)。
   A. 检查自动变速器换挡执行元件的工作情况
   B. 检查发动机和自动变速器的整体性能
   C. 用于判断故障是来自电控系统还是机械系统

2. U341E 型自动变速器 N→D 换挡时滞时间应少于(　　)。
   A. 1.2s   B. 1.5s   C. 2.0s

3. U341E 型自动变速器 N→R 换挡时滞时间应少于(　　)。
   A. 1.2s   B. 1.5s   C. 2.0s

4. 做自动变速器油压测试应在 ATF 的正常工作温度(　　)下进行。
   A. 50~80℃   B. 80~90℃   C. 40~50℃

二、判断题

1. 自动变速器手动换挡试验的目的是为了确定故障起因是机械系统还是电控系统。   (　　)

2. 自动变速器的失速试验是在正常工作温度下进行的,每次进行该测试不得超过 10s。   (　　)

3. 自动变速器失速试验可由一名维修人员独立完成。   (　　)

4. 自动变速器换挡时滞时间过长,可能是由于主油压过低或换挡执行元件

磨损等原因所致。（ ）

5. 对自动变速器油压试验必须在检查和调整发动机之后进行。（ ）

6. 自动变速器的油压试验，应在空调关闭的情况下进行。（ ）

7. 在ATF（自动变速器油）的正常工作温度为50~80℃下执行自动变速器油压试验。（ ）

8. 自动变速器油压试验务必由两人一起完成，一名维修人员进行测试时，另一名维修人员应在车外观察车轮或车轮挡块的状况。（ ）

三、简答题

1. 简述装备自动变速器的车辆，拖车时注意事项。

2. 简述自动变速器故障诊断与检修注意事项。

3. 简述自动变速器故障诊断与检修的基本程序。

4. 简述自动变速器油（ATF）液面高度的检查方法。

5. 简述自动变速器手动换挡试验的方法及步骤。

6. 简述自动变速器失速试验的方法及步骤，并对试验结果进行分析。

7. 简述自动变速器换挡时滞试验的方法及步骤，并对试验结果进行分析。

8. 简述自动变速器油压试验的方法及步骤。

第七章

无级变速器的构造与维修

> **学习目标**
> 1. 掌握无级变速器的变速原理;
> 2. 掌握无级变速器的结构组成和工作原理;
> 3. 熟悉无级变速器常见维修项目和方法。

第一节 无级变速器的构造与工作原理

一、概述

1 原理介绍

无级变速器(Continuously Variable Transmission,CVT)是传动比可以在一定范围内连续变化的自动变速器。无级变速器采用传动带与工作直径可变的主、从动带轮相配合来传递动力,可以实现传动比的连续改变,从而得到传动系统与发动机工况的最佳匹配,最大限度地利用发动机的特性,提高汽车的动力性和燃油经济性。目前,无级变速器在汽车上的应用越来越多,常见的无级变速器是金属带式无级变速器(VDT-CVT)。

如图7-1所示为金属带式无级变速器的变速原理图,变速部分由主动带轮、金属传动带和从动带轮所组成。每个带轮都是由两个带有斜面的半个带轮组成一体,其中一个带有斜面的半个带轮是固定的,另一个带有斜面的半个带轮可以通过液压控

图7-1 金属带式无级变速器的变速原理图

制系统控制其轴向移动,两个带轮之间的中心矩是固定的,由于两个带轮的直径可以连续无级变化,所以形成的传动比也是连续无级变化的。

2 无级变速器的优点

(1)结构简单,体积小,大批量生产后的成本低于当前电控液力自动变速器的成本。

(2)工作速比范围宽,容易与发动机形成理想的匹配,从而改善燃烧过程,降低油耗和排放。

(3)具有较高的传动效率,功率损失少,经济性高。

二、无级变速器的基本组成和工作原理

本部分内容以奥迪 Multitronic CVT 为例进行介绍,该无级变速器的内部编号为 01J。

1 奥迪 01J CVT 的基本组成

奥迪 01J CVT 主要由飞轮减振装置、前进挡离合器/倒挡制动器及行星齿轮机构、辅助减速齿轮装置、速比变换器、液压控制系统和电子控制系统等组成,如图 7-2 所示。

图 7-2 奥迪 01J 无级变速器的基本组成

发动机输出转矩通过飞轮减振装置或双质量飞轮传递给无级变速器,前进挡离合器和倒挡制动器都是湿式摩擦元件,两者均为起动装置。倒挡的旋转方向是通过行星齿轮机构改变的。发动机的转矩通过辅助减速齿轮装置传到速比变换器,并由此传到主减速器和差速器。液压控制系统和电子控制系统集成一

体,位于无级变速器内部。

2 前进挡离合器/倒挡制动器及行星齿轮机构

1)前进挡离合器和倒挡制动器

奥迪 01J CVT 的起动装置是前进挡离合器和倒挡制动器,并与行星齿轮机构一起实现前进挡和倒挡,它们只做起动装置,并不改变传动比,这与在自动变速器中的离合器和制动器的功用是不同的。

奥迪 01J CVT 的前进挡离合器和倒挡制动器均是采用湿式多片式结构,这与前述的自动变速器中的离合器和制动器的结构是相同的,这里不过多叙述。

2)行星齿轮机构

行星齿轮机构的结构如图 7-3 所示,由齿圈、两个行星齿轮、行星架、太阳轮组成。当太阳轮顺时针转动时,驱动行星齿轮1逆时针转动,再驱动行星齿轮2顺时针转动,最后驱动齿圈也顺时针转动。

图 7-3 行星齿轮机构的结构

行星齿轮机构的简图如图 7-4 所示,作为输入元件的太阳轮与输入轴和前进挡离合器摩擦片相连接,作为输出元件的行星架与辅助减速齿轮装置的主动齿轮和前进挡离合器的钢片相连接,齿圈和倒挡制动器摩擦片相连接,倒挡制动器钢片和变速器壳体相连接。

图 7-4 行星齿轮机构的简图

第七章 无级变速器的构造与维修

3) 动力传递路线

(1) P/N 挡的动力传动路线。换挡杆置于 P 位或 N 位时,前进挡离合器和倒挡制动器都不工作。发动机的转矩通过输入轴传递给太阳轮,太阳轮驱动行星齿轮 1,行星齿轮 1 再驱动行星齿轮 2,行星齿轮 2 再驱动齿圈。车辆尚未行驶时,作为辅助减速齿轮输入部分的行星架(行星齿轮机构的输出部分)的阻力很大,处于静止状态,齿圈以发动机转速一半的速度怠速运转,旋转方向与发动机相同。

(2) 前进挡的动力传动路线。换挡杆置于 D 位时,前进挡离合器工作。由于前进挡离合器摩擦片与太阳轮连接,钢片与行星架相连接,此时,太阳轮与行星架连接,行星齿轮机构被锁止成为一体,并与发动机运转方向相同,传动比为 1:1。

(3) 倒挡的动力传动路线。换挡杆置于 R 位时,倒挡制动器工作。由于倒挡制动器摩擦片与齿圈相连接,钢片与无级变速器壳体相连接,此时齿圈被固定,太阳轮(输入元件)主动,转矩传递到行星架,由于是双行星齿轮(其中一个为惰轮),所以行星架就会以与发动机旋转方向相反的方向运转,车辆向后行驶。

3 辅助减速齿轮装置

由于空间的限制,由行星架输出的动力是通过辅助减速齿轮装置传递到速比变换器的,如图 7-5 所示,辅助减速齿轮传动副传动比为 1.109。

4 速比变换器

速比变换器是 CVT 最重要的装置,其功用是实现无级变速传动。

速比变换器由两组滑动锥面链轮和一条传动链组成,如图 7-6 所示。主动链轮装置由发动机通过辅助减速齿轮装置驱动,发动机转矩由传动链传递到从动链轮装置,并由此传给主减速

图 7-5 辅助减速齿轮装置

器。每组链轮装置中的其中一个链轮,可沿轴向移动以调整传动链的跨度尺寸,从而连续地改变传动比。两组链轮装置必须同步进行,这样,才能保证传动链始终处于张紧状态,且具有足够的传动链和链轮之间的接触压力。

速比变换器的组成,如图 7-7 所示。速比变换器的工作模式是基于双活塞工作原理,其特点是利用少量的压力油就可以很快地进行换挡,这可以保证在相对低压时,锥面链轮与传动链之间有足够的接触压力。在主动链轮 1 和从动链轮 2 上各有一个保证传动链轮和传动链之间正常接触压力的压力缸和用于调整变速比的分离缸。为了有效地传递发动机转矩,锥面链轮和传动链之间需要很高的接触压力,接触压力通过调节压力缸内的油压产生。压力缸表面积很大,能够在

低压时提供所需的接触压力。液压系统泄压时,主动链轮1的膜片弹簧和从动链轮2的螺旋弹簧产生一个额定的传动链基础张紧力(接触压力)。在卸压状态下,速比变换器起动传动比由从动链轮2的螺旋弹簧弹力调整。

图7-6 速比变换器的基本组成和原理

图7-7 速比变换器的组成

1)换挡控制

(1)电子控制部分。奥迪01J CVT的电子控制单元有一动态控制程序(DRP),用于计算额定的无级变速器输入转速。为了在每个驾驶状态下获得最佳传动比,驾驶人输入信息和车辆实际工作状态要被计算在内。根据边界条件动态控制程序(DRP),计算出无级变速器额定输入转速。输入转速传感器G182监测主动链轮1的实际转速。电子控制单元会根据实际值与设定值进行比较,并计算出压力调节电磁阀N216的控制电流,这样压力调节电磁阀N216就会产生液压换挡阀的控制压力,该压力与控制电流几乎是成正比的。电子控制单元通过检查来自输入转速传感器 G182 和输出转速传感器 G195 及发动机转速信号来实现对换挡的监控。

(2)液力换挡控制(增速与降速)。液压控制单元中的输导控制阀(VSTV)向压力调节电磁阀 N216 提供一个约 0.5MPa 的常压。压力调节电磁阀 N216 根据电子控制单元计算的控制电流产生控制压力,该压力的大小会影响减压阀 UV 的位置。

根据控制压力,减压阀 UV 将调节出来的压力传递到主动链轮 1 和从动链轮 2 的分离缸。当调节压力在 0.18~0.2MPa 之间时,减压阀 UV 处于关闭状态;当控制压力低于 0.18MPa 时,调节压力通过减压阀 UV 传递到主动链轮 1 的分离缸,同时从动链轮 2 的分离缸与油底壳接通,速比变换器朝增速的方向进行变速,如图 7-8 所示。

当调节压力高于 0.22MPa 时,调节压力通过减压阀 UV 传递到从动链轮 2 的分离缸,同时主动链轮 1 的分离缸与油底壳相通,速比变换器朝减速的方向变速,如图 7-9 所示。

图 7-8　速比变换器增速的控制　　图 7-9　速比变换器减速的控制

2)接触压力控制

压力缸中合适的油压最终产生锥面链轮与传动链之间的接触压力,若接触压力过高,会降低传动效率;相反,若接触压力过低,传动链会打滑,这将损坏传动链和链轮。转矩传感器的作用就是根据要求建立起尽可能精确、安全的接触压力。

转矩传感器集成于主动链轮内,静态和动态高精确度地监控传递到压力缸的实际转矩,并建立压力缸的正确油压。转矩传感器主要部件为 2 个滑轨架,每个滑轨架有 7 个滑轨,滑轨中装有 7 个滚子,如图 7-10 所示。

滑轨架 1 装在主动链轮的输出齿轮中(辅助减速输出齿轮),滑轨架 2 通过内花键与主动链轮连接,并可以轴向移动且由转矩传感器活塞支撑。转矩传感器活塞调整接触压力,并形成两个压力腔:转矩传感器腔 1 和转矩传感器腔 2。转矩传感器产生的轴向力作为控制力,与发动机转矩成正比,压力缸中建立起来的压力与控制力成正比。转矩传感器滑轨架彼此间可径向旋转,将转矩转化为轴向力(因滚子和滑轨的几何关系),此轴向力施加于滑轨架 2,并移动转矩传感器控制凸缘关闭或打开转矩传感器腔输出端,如图 7-11 所示。

图 7-10 转矩传感器的组成

图 7-11 转矩传感器的工作原理

(1)输入转矩低时。转矩传感器腔 1 直接与压力缸相通,发动机转矩产生的轴向力与压力缸内的压力达到平衡。在汽车稳定运行的情况下,出油孔仅部分关闭,打开排油孔(转矩传感器)后压力下降,出油孔进油压力降低,直至恢复压力平衡,如图 7-12 所示。

(2)输入转矩高时。转矩达到峰值时,控制凸缘完全关闭出油孔。若转矩传感器进一步移动,将会起到油泵作用,此时被排出的油使压力缸内的压力迅速上升,这样就会毫无延迟地调整接触压力。锥面链轮产生的接触压力不仅取决于输入转矩,还取决于传动链跨度半径,此两者确定了速比变换器的实际传动比,如图 7-13 所示。

图7-12 低转矩时的控制

图7-13 高转矩时的控制

5 液压控制系统

CVT的液压控制系统负责系统油压的控制、油路的转换控制、用油元件的供油以及冷却控制等。

1)供油装置

奥迪01J CVT的供油装置采用的是带月牙形密封的内啮合齿轮泵,直接装在液压控制单元上,形成一个整体,减少了压力损失。

2)液压控制单元

液压控制单元由手动阀、9个液压阀和3个电磁阀组成。液压控制单元和电子控制单元直接插接在一起,液压控制单元应完成下述功能:

(1)控制前进挡离合器/倒挡制动器的工作状态。

(2)调节前进挡离合器压力。

(3)冷却前进挡离合器。

(4)为接触压力控制提供压力油。

(5)传动控制。

(6)为飞溅润滑油罩盖供油。

液压控制系统油路如图7-14所示,为防止系统工作压力过高,限压阀将油泵产生的最高压力限制在0.82MPa,并通过输导控制阀向3个电磁阀提供一个恒定的0.5MPa的输导控制压力。压力阀防止起动时油泵吸入空气,当油泵输出功率高时,压力阀打开,允许ATF从回油管流到油泵吸入侧,提高油泵效率。施压阀控制系统压力，在各种工况下都始终能够提供足够的油压。电磁阀 N88、N215 和 N216 在设计上称为压力控制阀，它们将控制电流转变为相应的液压控制压力。

图 7-14　液压控制系统油路图

6 电子控制系统

电子控制系统的组成如图 7-15 所示，奥迪 01J CVT 的电子控制系统由电子控制单元、输入装置（传感器、开关）和输出装置（电磁阀）3 部分组成，其特点是电子控制单元集成在速比变换器内，电子制单元直接用螺栓紧固在液压控制单元上。3个压力调节电磁阀与电子控制单元间直接通过坚固的插头连接(S形接头),没有连接线。电子控制单元用一个25端子的小型插头与汽车相连。电子控制系统更具特点的是集成在电子控制单元内的传感器技术:电器部件的底座为一个坚硬的铝板,壳体材料为塑料,并用铆钉紧固到底座上。壳体容纳全部的传感器,因此不再需要线束和插头。这种结构大大提高了工作效率和可靠性。另外,将发动机转速传感器和多功能开关设计成霍尔传感器,霍尔传感器没有机械磨损,信号不受电磁干扰,这使其可靠性进一步提高。传感器为电子控制单元的集成部件,若某个传感器损坏,必须更换电子控制单元。

图7-15　电子控制系统的组成

第二节　无级变速器的维修

一、一般故障的维修

(一)实训器材

(1)车辆:广州本田飞度乘用车(装备无级变速器)。

(2)普通工具:组合扳手、螺丝刀、扭力扳手等。

(3)检测工具:本田PGM测试仪或本田诊断系统(HDS)、数字万用表、锥形头探针。

(4)其他:转向盘护套、换挡杆手柄套、座位套、脚垫。

(二) 准备工作

(1) 汽车进入工位前,将工位清理干净,准备好相关的器材。

(2) 将车辆停放在水平地面上。

(3) 拉紧驻车制动器操纵杆,并将换挡杆置于驻车挡(P 挡)。

(4) 套上转向盘护套、换挡杆手柄套和座位套,铺设脚垫。

(三) 操作步骤

1. 故障码(DTC)的检查

当动力系统控制模块(PCM)检测到输入或输出系统出现异常时,通常,仪表板总成上的 D 指示灯将闪烁(图 7-16)。

如图 7-17 所示,将数据传输插接器(DLC)(位于驾驶人侧仪表板下方)连接到本田 PGM 测试仪或者本田诊断系统(HDS)上。当将点火开关置于 ON(Ⅱ)位置时,数据传输插接器就会显示出故障码(DTC)。

图 7-16 仪表板总成上的 D 指示灯

图 7-17 连接到本田 PGM 测试仪

如果 D 指示灯和故障指示灯(MIL)亮,或者怀疑驾驶性能出现问题,则按以下程序进行:

(1) 将本田 PGM 测试仪或者 HDS 连接到 DLC 上。

(2) 将点火开关置于 ON(Ⅱ)位置,在测试仪屏幕上,选择 A/T(自动变速器)系统,并观察 DTCs MENU(故障码菜单)上的 DTC。

(3) 记录所有燃油和排放的 DTC、A/T DTC 冻结数据。

(4) 如果燃油和排放的 DTC 存在,则应先按 DTC 的显示,对燃油和排放系统进行检查。DTC P0700 除外,因为 DTC P0700 意味着有一个或多个自动变速器故障码存在,而 PCM 的燃油和排放电路没有任何问题。

(5) 在 CLEAR MENU(清除菜单)上,将 DTC 和数据清除。

(6) 按照与冻结数据相同的工况进行试车,行驶几分钟后,重新检查 DTC。

第七章 无级变速器的构造与维修

如果 A/T DTC 重新出现,则参照表 7-1 检测和排除故障;如果 DTC 消除,则表明电路中存在间歇性故障。确认电路中的所有插接器和端子全部紧固。

故障码(DTC)表　　表 7-1

DTC SAE 代码 (本田代码)	D 指示灯	故障指示灯 (MIL)	检 测 项 目
P1705(5-1)	闪烁	ON	变速器挡位开关(搭铁短路)
P1706(6-1)	不闪烁	ON	变速器挡位开关(断路)
P1879(32-1)	闪烁	ON	起步离合器压力控制阀
P1882(33-1)	闪烁	OFF	控制阀电磁线圈
P1885(34-1)	闪烁	OFF	CVT 主动带轮转速传感器
P1886(35-1)	闪烁	OFF	CVT 从动带轮转速传感器
P1887(35-1)	闪烁	ON	VABS 电路
P1888(36-1)	闪烁	ON	CVT 转速传感器
P1890(42-1)	闪烁	ON	换挡控制系统
P1891(43-1)	闪烁	ON	起步离合器控制系统
P1894(38-1)	闪烁	ON	CVT 主动带轮压力控制阀电路
P1895(39-1)	闪烁	OFF	CVT 从动带轮压力控制阀电路

注:表中圆括号内的 DTC 是使用本田 PGM 测试仪或者 HDS 时所看见的本田代码,"-"(连字符)前的第一个数字,是 DLC 与本田 PGM 测试仪或 HDS 连接,而且测试仪工作在 SCS 模式时,D 指示灯所显示的闪烁代码;DTC P1887(53-1)适用于装备有 ABS 的车型。

2 PCM 电路的故障检修

(1)拆卸杂物箱盖和杂物箱,拆下乘客侧的下盖,然后卸下检修孔盖。

(2)如图 7-18 所示,使用数字万用表和锥形探针,根据 DTC 故障检修程序,检测 PCM 电路。

(3)如果无法使用插接器接线侧或者接线侧被密封,可断开插接器,使用探针从端子检测插接器。

> **注意:** 不要将探针强行插入插接器。

图 7-18 检测 PCM 电路

3 清除 A/T DTC

(1) 记录所有冻结数据,并记录下列线电台预置频率。
(2) 将点火开关置于 OFF 位置。
(3) 将本田 PGM 测试仪或者 HDS 连接到 DLC 上。
(4) 将点火开关置于 ON(Ⅱ)位置。
(5) 在测试仪屏幕上选择 A/T 系统,然后选择 CLEAR(清除)。
(6) 清除 CLEAR MENU(清除菜单)上的 DTC 或重置 PCM。

4 结束检查

(1) 将点火开关置于 OFF 位置。
(2) 从 DLC 上断开本田 PGM 测试仪。
(3) 重置 PCM。
(4) 为起步离合器的控制,校准反馈信号。
(5) 将点火开关置于 ON(Ⅱ)位置。
(6) 按照与冻结数据所指示的相同工况试车,行驶几分钟,确认故障已消除。

二、无级变速器的测试

(一) 实训器材

(1) 车辆:广州本田飞度乘用车(装备无级变速器)。
(2) 普通工具:组合扳手、螺丝刀、钳子、扭力扳手、举升器。
(3) 专用工具:A/T 机油压力表装置(07406-0020004)、A/T 低压表(07406-0070001)。
(4) 检测工具:本田 PGM 检测仪或本田诊断系统(HDS)、数字万用表、转速表。
(5) 其他:木块、清洁剂或化油器清洁剂、转向盘护套、换挡杆手柄套、座位套、脚垫。

(二) 准备工作

(1) 汽车进入工位前,将工位清理干净,准备好相关的器材。
(2) 套上转向盘护套、换挡杆手柄套和座位套,铺设脚垫。

(三) 操作步骤

1 路试

(1) 将发动机热机到正常工作温度(散热器风扇转动)。

(2)拉起驻车制动杆,并塞住两个后轮。起动发动机,踩下制动踏板,将挡位换至D位置。踩下加速器踏板,然后突然释放,发动机不应该失速。

(3)换挡杆在P位置进行测试:将车辆停在一个大约16°的斜坡上,使用驻车制动器,换挡杆至P位置。释放驻车制动器;车辆不应该移动。

(4)将本田PGM测试仪或HDS(本田诊断系统)连接到DLC(数据传输插接器)上,然后转到CVT(无级变速器)数据列表。

(5)换挡杆分别置于D、S、L位置时(表7-2~表7-4),在平坦路面上进行试车。检查发动机转速是否符合表中数据范围内,节气门位置传感器的电压值是借助PGM测试仪或HDS监测的。

D 位 置 路 试　　　　　　　　　　　　　　　　表7-2

节气门位置传感器电压(V)	车速(km/h)	发动机转速(r/min)
0.75	40	1050~1450
2.0	40	2050~2650
	60	2200~2800
	100	2650~3250
4.5	40	4000~4600
	60	4300~4900
	100	4750~5350

S 位 置 路 试　　　　　　　　　　　　　　　　表7-3

节气门位置传感器电压(V)	车速(km/h)	发动机转速(r/min)
0.75	40	1550~1950
	60	1900~2500
	100	2800~3400
2.0	40	2650~3250
	60	2850~3450
	100	3350~3950
4.5	40	4450~5050
	60	4800~5400
	100	5200~5800

L 位 置 路 试 表 7-4

节气门位置传感器电压(V)	车速(km/h)	发动机转速(r/min)
0.75	40	2700～3300
0.75	60	3400～4000
0.75	100	4100～4700
2.0	40	3450～4050
2.0	60	4050～4650
2.0	100	4650～5250
4.5	40	4450～5050
4.5	60	4800～5400
4.5	100	5200～5800

2 失速测试

(1) 拉起驻车制动杆,并塞住前轮。

(2) 将转速表连接到发动机上,并起动发动机。

(3) 确认 A/C(空调)开关置于 OFF 位置。

(4) 在发动机加热到正常工作温度(散热器风扇转动)后,换挡至 D 位置。

(5) 将制动踏板和加速器踏板完全踩下,持续 6～8s,读取发动机转速。

注意:在提高发动机转速时,千万不要移动换挡杆。

(6) 发动机冷却 2min,然后在 S、L 和 R 位置重复测试。

注意:一次失速测试千万不要超过 10s;进行失速测试应当只用于诊断目的;D、S、L 和 R 位置的失速应该相同;安装 A/T 压力表后,千万不要测试失速。

① 在 D 和 R 位置失速转速,技术要求为 2500r/min,维修极限为 2350～2650r/min。

② 在 S 和 L 位置失速转速,技术要求为 3000r/min,维修极限为 2800～3100r/min。

(7) 如果测量结果不符合维修极限,则故障和引起故障的可能原因见表 7-5。

3 压力测试

(1) 在进行测试之前,确认无级变速器油已加注到合适位置。

(2) 举升车辆前部，确认车辆支撑可靠。

失速转速不合格的故障原因　　　　表 7-5

故　障	故　障　原　因
在 D、S、L 和 R 位置时，失速转速过高	1. 油位过低或 ATF 油泵输出过低； 2. ATF 滤清器堵塞； 3. PH 调节阀卡滞； 4. 前进挡离合器故障； 5. 起步离合器故障
在 R 位置时，失速转速过高	1. 倒挡离合器打滑； 2. 起步离合器故障
在 D、S、L 和 R 位置时，失速转速过低	1. 发动机输出过低； 2. 起步离合器故障； 3. CVT 主动或从动带轮控制阀卡滞

(3) 拉起驻车制动杆，并可靠地塞住后轮。

(4) 拆下挡泥板。

(5) 让前轮能够自由转动。

(6) 发动机热机（散热器风扇转动），然后停止，接上转速表。

(7) 如图 7-19 所示，将专用工具 A/T 机油压力表装置（07406-0020004）连接到前进挡离合器压力检查孔上、倒挡制动器检查孔上、主动带轮压力检查孔上和从动带轮压力检查孔上。

图 7-19　连接 A/T 机油压力表装置

图 7-20　A/T 低压表

(8)如图 7-20 所示,将专用工具 A/T 低压表(07406-0070001)连接到润滑压力检查孔。

(9)起动发动机。将挡位换至 D 位置,测量 1700r/min 时前进挡离合器的压力;将挡位换至 R 位置,并测量 1700r/min 时倒挡制动器的压力;将挡位换至 N 位置,并测量 1700r/min 时主动带轮的压力和从动带轮的压力;测量在 2500r/min 时润滑压力,应符合表 7-6 要求。

变速器油压力　　　　　　　　　　　　　　　　表 7-6

部　件	维修极限(MPa)	部　件	维修极限(MPa)
前进挡离合器	1.44～1.71	从动带轮	0.43～0.91
倒挡制动器	1.44～1.71	润滑压力检查孔	0.27～0.40
主动带轮	0.31～0.58		

(10)压力测试完毕后,拆下专用工具。

(11)使用新的密封垫圈,安装密封螺栓。螺栓拧紧力矩为 18N·m。

注意:千万不要重新使用旧的密封垫圈。

(12)如果测量结果超出维修极限,则故障和引起故障的可能原因见表 7-7。

压力测试不合格的故障原因　　　　　　　　　　表 7-7

故　障	故障原因
无前进挡离合器压力或压力太低	前进挡离合器
无倒挡制动器压力或太低	倒挡制动器
无主动带轮压力或太低	1. ATF 油泵; 2. PH 调节阀; 3. CVT 主动带轮控制阀; 4. CVT 从动带轮控制阀
主动带轮压力太高	1. PH 调节阀; 2. CVT 主动带轮控制阀; 3. CVT 从动带轮控制阀; 4. CVT 主动带轮压力控制阀

续上表

故　　障	故　障　原　因
无从动带轮压力或太低	(1) ATF 油泵； (2) PH 调节阀； (3) 主动带轮控制阀； (4) CVT 从动带轮控制阀； (5) CVT 从动带轮压力控制阀
从动带轮压力太高	(1) PH 调节阀； (2) CVT 主动带轮控制阀； (3) CVT 从动带轮控制阀； (4) CVT 主动带轮压力控制阀
无润滑压力或太低	(1) ATF 油泵； (2) 润滑阀

4　起步离合器压力控制阀的测试

(1) 拆下空气滤清器壳体和进气导管。

(2) 如图 7-21 所示，断开起步离合器压力控制阀插接器。

(3) 在插接器上测量起步离合器压力控制阀的电阻，标准值为 3.8~6.8Ω。

(4) 如果电阻不符合标准值，将蓄电池正极端子与起步离合器压力控制阀插接器的 1 号端子相连接，将蓄电池负极端子与 2 号端子相连接，此时应该听到"咔嗒"声。若听不到任何声音，则拆下控制阀，用清洁剂来彻底清洗相关的零件，然后重新检查。

图 7-21　断开起步离合器压力控制阀插接器

5　CVT 主动带轮压力控制阀的测试

(1) 拆下空气滤清器壳体和进气导管。

(2) 如图 7-22 所示，断开 CVT 主动带轮压力控制阀插接器。

(3) 在插接器上测量 CVT 主动带轮压力控制阀的电阻，标准值为 3.8~6.8Ω。

(4) 如果电阻不符合标准值，将蓄电池正极端子与 CVT 主动带轮压力控制阀插接器的 1 号端子相连接，将蓄电池负极端子与 2 号端子相连接，此时应该听到

"咔嗒"声。若听不到任何声音,则拆下控制阀,用清洁剂来彻底清洗相关的零件,然后重新检查。

6 CVT 从动带轮压力控制阀的测试

(1) 拆下空气滤清器壳体和进气导管。

(2) 如图 7-23 所示,断开 CVT 从动带轮压力控制阀插接器。

图 7-22　断开 CVT 主动带轮压力控制阀插接器

图 7-23　断开 CVT 从动带轮压力控制阀插接器

(3) 在插接器上测量 CVT 从动带轮压力控制阀的电阻,标准值为 3.8~6.8Ω。

(4) 如果电阻不符合标准值,将蓄电池正极端子与 CVT 从动带轮压力控制阀插接器的 1 号端子相连接,将蓄电池负极端子与 2 号端子相连接,此时应该听到"咔嗒"声。若听不到任何声音,则拆下控制阀,用清洁剂来彻底清洗相关的零件,然后重新检查。

7 限止装置电磁阀的测试

图 7-24　断开限止装置电磁阀插接器

(1) 如图 7-24 所示,断开限止装置电磁阀插接器。

(2) 在插接器端子上测量限止装置电磁阀的电阻,标准值为 11.7~21.0Ω。

(3) 如果电阻不符合标准值,将蓄电池正极端子与限止装置电磁线圈插接器的 2 号端子相连接,将蓄电池负极端子与 1 号端子相连接,此时应该听到"咔嗒"声。若听不到任何声音,则更换限止装置电磁阀。

8 起步离合器的校准

1)注意事项

在出现以下任何情况下,PCM(动力系统控制模块)中用于起步离合器控制的反馈信号记忆将被清除。

(1)断开蓄电池端子。

(2)拆下仪表板下熔丝/继电器盒内的20号ECU(15A)熔断丝。

(3)更换起步离合器。

(4)更换控制阀体。

(5)大修变速器总成。

(6)更换变速器总成。

(7)大修发动机总成。

(8)更换发动机总成。

2)车辆停止时的校准步骤

(1)拉起驻车制动杆,并牢固地塞住4个车轮。

(2)将发动机热机到正常工作温度(散热器风扇转动)。

(3)确认故障指示灯(MIL)没有亮,D指示灯没有闪烁。

(4)如果MIL亮或D指示灯闪烁,检查燃油和排放系统或A/T控制系统。

(5)将点火开关置于OFF位置。

(6)将本田PGM测试仪或HDS(本田诊断系统)连接到DLC(数据传输插接器)上。

(7)使用本田PGM测试仪或HDS跨接SCS线路。

(8)踩下制动踏板,一直踩住踏板装置,直到校准结束。

(9)在无负载条件下,起动发动机,然后打开前照灯。在校准过程中,前照灯必须亮着。

(10)将换挡杆换至N位置,并换至D、S和L位置,发动机起动后,在20s内换回S、D和N位置。换挡杆应停在每个挡位上,重复换挡2次。

(11)检查换挡杆在N位置时,D指示灯是否亮1min,然后熄灭。如果D指示灯闪烁而没有亮,或者D指示灯常亮(1min后没有熄灭),将点火开关置于OFF位置,从第(6)步开始,重新执行上述步骤。

(12)换挡至D位置,并检查D指示灯是否亮2min,然后熄灭。如果D指示灯闪烁而没有亮,或者D指示灯常亮(1min后没有熄灭)。将点火开关置于OFF位置,从第(6)步开始,重新执行上述步骤。

(13) 将点火开关置于 OFF 位置,直到校准结束。

(14) 进行试车,确认起步离合器控制系统没有故障。

3) 车辆行驶时的校准步骤

(1) 将发动机热机到正常工作温度(散热器风扇转动)。

(2) 在无负载条件下,起动发动机,然后打开前照灯。

(3) 将换挡杆换至 D 位置,车辆行驶直到速度达到 60km/h,不要踩下制动踏板,在超过 5s 的时间使车辆减速,直到校准结束。

(4) 进行试车,确认起步离合器控制系统没有故障。

三、挡位指示灯器的维修

(一) 实训器材

(1) 车辆:广州本田飞度乘用车(装备无级变速器)。

(2) 普通工具:组合扳手、螺丝刀、钳子、扭力扳手。

(3) 检测工具:数字万用表、厚薄规。

(4) 其他:转向盘护套、换挡杆手柄套、座位套、脚垫。

(二) 准备工作

(1) 汽车进入工位前,将工位清理干净,准备好相关的器材。

(2) 将车辆停放在水平地面上。

(3) 拉紧驻车制动器操纵杆,并将换挡杆置于驻车挡(P挡)位置。

(4) 套上转向盘护套、换挡杆手柄套和座位套,铺设脚垫。

(三) 操作步骤

A/T 挡位指示灯组件安装位置如图 7-25 所示。

1 指示灯输入测试(6 挡无级变速器 +7 挡模式车型)

(1) 如果 D 指示灯或 MIL(故障指示灯)亮,则检查 DTC(故障码),并根据 DTC 的指示维修系统。

(2) 如果 D 指示灯和挡位指示灯不亮,或者换挡指示灯不能正常工作,则从仪表板上拆下仪表总成,然后断开仪表总成插接器 A(20P)和 B(14P)。

(3) 检查插接器和插座端子,确认其接触良好。如果端子弯曲、松动或锈蚀,根据需要,进行维修,然后重新检查系统。

(4) 换挡杆换至 P 位置,检查 B14 端子(BLK/BLU)(黑/蓝)与搭铁之间的导通性。在 P 位置时应当导通,而在其他任一位置应当不导通。如果测试结果不符合要求,则检查是否为变速器挡位开关故障,或者为导线断路。

第七章　无级变速器的构造与维修

图 7-25　A/T 挡位指示灯组件的安装位置

（5）将点火开关置于 ON（Ⅱ），踩下制动踏板，将换挡杆换至 R 位置。检查 B13 端子（WHT）（白）与搭铁之间的电压。在 R 位置时应当为 0V，而在其他任何一位置应当为 10V。如果测试结果不符合要求，则检查是否为变速器挡位开关故障，或者为导线断路。

（6）换挡杆换至 N 位置，检查 B12 端子（RED/BLK）（红/黑）与搭铁之间的导通性。在 N 位置时应当导通，而在其他任一位置应当不导通。如果测试结果不符合要求，则检查是否为变速器挡位开关故障，或者为导线断路。

（7）换挡杆换至 D 位置，检查 B9 端子（PND）（粉）与搭铁之间的电压。在 D 位置时应当为蓄电池电压，而在其他任一位置应当 0V。如果测试结果不符合要求，则检查是否为变速器挡位开关和 PCM 故障，或者为导线断路。

（8）换挡杆换至 S 位置，检查 B8 端子（BLU/WHT）（蓝/白）与搭铁之间的电压。在 S 位置时应当为 0V，而在其他任一位置应当为 10V。如果测试结果不符合要求，则检查是否为变速器挡位开关故障，或者为导线断路。

（9）换挡杆换至 L 位置，检查 B10 端子（BLU）（蓝）与搭铁之间的电压。在 L 位置时应当为 0V，而在其他任一位置应当为 10V。如果测试结果不符合要求，则检查是否为变速器挡位开关故障，或者为导线断路。

(10) 如图 7-26 所示，换挡杆换至 D 或 S 位置，推动主开关(7 挡模式)，然后推动转向换挡开关的加(+)和减(-)。

(11) 检查 B11 端子(BRN/WHT)(棕/白)与搭铁之间的电压。在 7 挡手动换挡模式时，应当为蓄电池电压。不在 7 挡手动换挡模式时，应当为 0V。如果测试结果不符合要求，则检查是否为主开关(7 挡模式)/转向换挡开关和 PCM 的故障，或者为导线断路。

(12) 检查 A2 端子(YEL)(黄)与搭铁之间的电压，应当为蓄电池电压。如果测试结果不符合要求，则检查是否为仪表板下熔断丝/继电器盒内的 16 号(7.5A)熔断丝熔断，或者为导线断路。

(13) 检查 A9 端子(BLK)(黑)与搭铁之间的导通性。它们在任何情况都应当导通。如果测试结果不符合要求，则检查是否为 G501 搭铁不良，或者为导线断路。

(14) 将点火开关置于 OFF 位置，连接仪表总成插接器 A(20P)和 B(14P)。

(15) 起动发动机，换挡杆换至 D 或 S 位置。推动主开关(7 挡模式)，然后推动转向换挡开关的加(+)，换挡指示灯会显示 1。

(16) 检查 B5 端子(BLU/WHT)(蓝/白)与搭铁(LEDA)之间的电压，并检查 B4 端子(RED/WHT)(红/白)与搭铁(LEDB)之间的电压，均应当为 5V。检查 B3 端子(GRN/BLK)(绿/黑)与搭铁(LEDC)之间的电压，应当为 0.3V。

(17) 如果输入测试正常，而挡位指示灯故障，则更换仪表总成。

2 变速器挡位开关的测试

(1) 拆下空气滤清器壳体和进气导管。

(2) 如图 7-27 所示，断开变速器挡位开关插接器，插接器端子规范见表 7-8。

图 7-26 指示灯输入测试

图 7-27 变速器挡位开关的测试

(3) 检查插接器端子之间的导通性。对于每个开关位置，端子之间的导通性见表 7-9。

（4）如果任一端子之间不导通,则调整变速器挡位开关的安装。若开关安装正常,则更换变速器挡位开关。

插接器端子规范　　　　　　　　　　　表 7-8

插接器端子	信　　号	插接器端子	信　　号
1	—	6	P
2	N	7	R
3	S	8	D
4	ST	9	L
5	—	10	GND

检查端子之间的导通性　　　　　　　　表 7-9

变速杆位置	端　　　子									
	1	2	3	4	5	6	7	8	9	10
P				○		○				○
R							○			○
N		○		○						○
D								○		○
S			○							○
L									○	○

3　变速器挡位开关的更换

(1) 拆下空气滤清器壳体和进气导管。

(2) 换挡至 N 位置。

(3) 如图 7-28 所示,断开变速器挡位开关插接器。拆下旧的变速器挡位开关,更换一个新开关。

(4) 确认控制杆处于 N 位置,如图 7-29 所示。

图 7-28　变速器挡位开关的更换(一)

注意:换至 N 位置时,不要挤压控制轴端。如果控制轴端被挤压在一起,控制轴与变速器挡位开关之间的轴向间隙发生改变,将会产生错误的信号或挡位。

(5)如图 7-30 所示,使构架上的切口与新的变速器挡位开关上的空挡位置切口对准,然后在切口内放置 2.0mm 厚的厚薄规片,开关保持在 N 位置。

图 7-29　变速器挡位开关的更换(二)　　图 7-30　变速器挡位开关的更换(三)

(6)如图 7-31 所示,用 2.0mm 厚的厚薄规片,使变速器挡位开关保持在 N 位置,轻轻地将开关插入控制轴上。

(7)如图 7-32 所示,继续将变速器挡位开关保持在 N 位置,旋紧开关上的螺母。

注意:旋紧螺母时,不要移动开关。

图 7-31　变速器挡位开关的更换(四)　　图 7-32　变速器挡位开关的更换(五)

(8)拆下厚薄规,然后安装构架罩。

(9)连接变速器挡位开关插接器。

(10)将点火开关置于 ON(Ⅱ)位置。将换挡杆换至各个位置,检查变速器挡位开关与挡位指示灯的同步情况。

(11)确认发动机只有在 P 或 N 位置时才能起动,在其他任何位置时都不能起动。确认换挡杆位于 R 位置时,倒车灯亮。

(12)允许车轮自由转动,然后起动发动机,检查换挡杆的操作情况。

(13)安装空气滤清器壳体和进气导管。

四、换挡锁系统的维修

(一)实训器材

(1)车辆:广州本田飞度乘用车(装备无级变速器)。

(2)普通工具:组合扳手、螺丝刀、钳子、扭力扳手。

(3)检测工具:数字万用表。

(4)其他:转向盘护套、换挡杆手柄套、座位套、脚垫。

(二)准备工作

(1)汽车进入工位前,将工位清理干净,准备好相关的器材。

(2)将车辆停放在水平地面上。

(3)拉紧驻车制动器操纵杆,并将换挡杆置于驻车挡(P挡)位置。

(4)套上转向盘护套、换挡杆手柄套和座位套,铺设脚垫。

(三)操作步骤

换挡锁组件的安装位置如图7-33所示。

图7-33 换挡锁组件的安装位置

1 换挡锁电磁线圈的测试

(1)拆下中央控制台。

(2)如图7-34所示,从换挡杆托架底座上拆下换挡锁电磁线圈/驻车锁开关插接器,然后断开插接器。

(3)将蓄电池的正极端子与换挡锁电磁线圈插接器的1号端子连接,蓄电池负极端子与3号端子连接,检查换挡杆是否可以从P位置移开。断开蓄电池正极、负极端子,将换挡杆移回P位置,并确认其锁止。

(4)如果换挡锁电磁线圈工作不正常,应

图7-34 换挡锁电磁线圈的测试

进行更换。

2 换挡锁电磁线圈的更换

(1) 拆下中央控制台。

(2) 如图 7-35 所示,从指示灯面板上拆下灯泡插座,然后从插座上拆下灯泡。从换挡杆托架底座上拆下换挡锁电磁线圈/驻车锁开关插接器,然后断开插接器。拆下驻车锁开关插接器。松开紧固换挡锁电磁线圈的锁耳,然后拆下换挡锁电磁线圈。

图 7-35 换挡锁电磁线圈的更换

(3) 将换挡锁电磁线圈柱塞和弹簧安装到新的换挡锁电磁线圈内。将换挡电磁线圈柱塞的接合处与换挡锁限位杆的头部对正,安装新的换挡锁电磁线圈。

(4) 安装指示灯面板的灯泡插座,然后将灯泡插座安装到挡位指示灯面板上。

(5) 连接换挡锁电磁线圈/驻车锁开关插接器,然后安装到托架底座上。

(6) 连接驻车锁开关插接器。确认锁耳对换挡锁电磁线圈锁止的可靠性。

(7) 安装中央控制台。

3 钥匙联锁电磁线圈的测试

(1) 断开钥匙开关插接器。

(2) 将点火钥匙插入钥匙锁芯,将点火开关置于 ACC(Ⅰ)位置。

(3) 如图 7-36 所示,将蓄电池的正极与钥匙开关插接器的 4 号端子连接,负极与 3 号端子连接,确认点火钥匙不能转至 LOCK(0)位置。断开蓄电池与端子的连接,确认点火钥匙能够转至 LOCK(0)位置,并可从锁芯中取出。

(4) 如果钥匙联锁电磁阀的工作不正常,应更换点火钥匙锁芯/转向锁总成。

4 驻车锁开关的测试与更换

(1)拆下中央控制台。

(2)断开驻车锁开关插接器(2P)。

(3)如图7-37所示,将换挡杆换至P位置,检查1号端子与2号端子之间的导通性,应导通。将换挡杆移出P位置,检查1号与2号端子之间的导通性,应不导通。

图7-36　钥匙联锁电磁线圈的测试　　图7-37　驻车锁开关的测试与更换

(4)如果驻车锁出现故障,则拆下换挡杆总成,更换驻车锁支架(驻车锁开关不能单独更换)。

小结

1. 无级变速器(CVT)是传动比可以在一定范围内连续变化的自动变速器。无级变速器采用传动带与工作直径可变的主、从动带轮相配合来传递动力,可以实现传动比的连续改变,从而得到传动系统与发动机工况的最佳匹配,最大限度地利用发动机的特性,提高汽车的动力性和燃油经济性。目前,无级变速器在汽车上的应用越来越多,常见的无级变速器是金属带式无级变速器。

2. 奥迪01J CVT主要由飞轮减振装置、前进挡离合器/倒挡制动器及行星齿轮机构、辅助减速齿轮装置、速比变换器、液压控制系统和电子控制系统等组成。

3. 发动机输出转矩通过飞轮减振装置或双质量飞轮传递给无级变速器,前进挡离合器和倒挡制动器都是湿式摩擦元件,两者均为起动装置。倒挡的旋转方向是通过行星齿轮机构改变的。发动机的转矩通过辅助减速齿轮装置传到速比变换器,并由此传到主减速器和差速器。液压控制系统和电子控制系统集成一体,位于无级变速器内部。

4. 奥迪01J CVT的起动装置是前进挡离合器和倒挡制动器,并与行星齿轮机构一起实现前进挡和倒挡,它们只做起动装置,并不改变传动比,这与在自动变速器中的离合器和制动器的功用是不同的。

5. 奥迪01J CVT 行星齿轮机构是由齿圈、两个行星齿轮、行星架、太阳轮组成。

6. 速比变换器是CVT最重要的装置，其功用是实现无级变速传动。速比变换器由两组滑动锥面链轮和一条传动链组成。

7. CVT的液压控制系统负责系统油压的控制、油路的转换控制、用油元件的供油以及冷却控制等。

8. 奥迪01J CVT 的电子控制系统由电子控制单元、输入装置（传感器、开关）和输出装置（电磁阀）3部分组成，其特点是电子控制单元集成在速比变换器内，电子制单元直接用螺栓紧固在液压控制单元上。

复习思考题

一、选择题

1. 奥迪01J CVT 行星齿轮机构中，行星齿轮是（　　）个。
   A. 3　　　　　　　　B. 6　　　　　　　　C. 9
2. 无级变速器中，（　　）是实现无级变速传动的部件。
   A. 前进挡离合器　　　B. 倒挡制动器　　　C. 速比变换器
3. 无级变速器每一次失速测试千万不要超过（　　）。
   A. 5s　　　　　　　　B. 10s　　　　　　　C. 15s

二、判断题

1. 无级变速器可以实现传动比的连续改变，从而得到传动系统与发动机工况的最佳匹配。（　　）
2. 无级变速器实现连续改变的传动比是通过传动带长度的改变来实现的。（　　）
3. 无级变速器行星齿轮机构采用单排行星齿轮结构。（　　）
4. 奥迪01J CVT 的前进挡离合器和倒挡制动器均采用湿式多片式结构。（　　）

三、简答题

1. 简述金属带式无级变速器的变速原理。
2. 简述奥迪01J CVT 的基本组成。
3. 简述奥迪01J CVT 行星齿轮机构的结构特点和工作原理。
4. 简述奥迪01J CVT 速比变换器的工作原理。

第八章

双离合器自动变速器的构造与维修

> **学习目标**
>
> 1. 掌握双离合器自动变速器的基本工作原理;
> 2. 掌握双离合器自动变速器的构造与工作原理;
> 3. 熟悉双离合器自动变速器的检修方法。

第一节 双离合器自动变速器的构造与工作原理

一、双离合器自动变速器概述

双离合器自动变速器(Dual Clutch Transmission,DCT)是综合了手动变速器与自动变速器的优点发展而来的,大众汽车公司对该技术应用较早,也比较广泛,并且把其称为直接换挡变速器(Direct Shift Gearbox,DSG)。除了这两种叫法外还有很多叫法,比如三菱称 SST、保时捷称 PDK、宝马称 DKG、福特沃尔沃称 Powershift、奥迪称 S-Tronic 等。虽然不同汽车公司所配备的 DCT 名称不同,但其构造及原理是基本相同的,下面以大众车系的 DSG 为例进行介绍。

1 DSG 基本工作原理

DSG 的工作原理如图 8-1 所示,它是通过将变速器挡位按奇偶数分开布置,形成两个彼此独立的传动机构。每个传动机构的结构都与一个手动变速器相同,每个传动机构都配有一个湿式多片离合器,传动机构 1 通过离合器 K_1 来选择一、三、五挡和倒挡,传动机构 2 通过多片式离合器 K_2 来选择二、四、六挡,因此,只需通过切换两个离合器的工作状态就可以完成换挡操作。

2 DSG 的结构特点

DSG 具有以下结构特点:

(1) 有两根输入轴,挡位按奇偶数分开布置在两根输入轴上。
(2) 换挡方式与换挡齿轮基本结构与手动变速器一样。
(3) 有两个离合器进行换挡控制。
(4) 离合器的切换和挡位变换由电子控制单元进行自动控制。

图 8-1　DSG 工作原理图

3　DSG 的优点

(1) 传动效率高,油耗低。
(2) 换挡时没有动力中断,换挡平稳。
(3) 能跳过一个挡。
(4) 具有良好的驾驶舒适性、动力性和操控性。

二、02E 型 DSG 的构造与工作原理

下面以一汽大众公司的 02E 型 DSG 为例,介绍其主要结构特点和工作原理。02E 型 DSG 的外形如图 8-2 所示,其内部结构如图 8-3 所示。

图 8-2　02E 型 DSG 的外形

第八章 双离合器自动变速器的构造与维修

图 8-3　02E 型 DSG 的内部结构

DSG 主要由机械传动机构、电子控制系统、液压控制系统等几部分组成。

机械传动机构

机械传动机构的组成如图 8-4 所示，主要由双质量飞轮、两个湿式多片离合器、输入轴及齿轮、输出轴及齿轮等组成。

图 8-4　机械传动机构的组成

1）双质量飞轮

双质量飞轮的结构如图 8-5 所示。由于在 DSG 中没有使用液力变矩器等可以吸收系统振动的元件，所以需要采用扭转减振器来吸收系统的扭转振动，采用这种带有双质量飞轮式的扭转减振器，可以非常有效地的控制汽车动力传动系统的扭转振动及噪声,提高整车的舒适性。双质量飞轮有两个质量,即初级质量和次级质量,初级质量与发动机曲轴相连,起到原来普通飞轮的作用,次级质量与 DSG 相连,用于提高 DSG 的扭转惯量,初级质量和次级质量之间通过扭转减振器相连。双质量飞轮内有两个内花键,外侧内花键与离合器外花键毂相连,内侧内花键与油泵驱动轴相连。

图 8-5　双质量飞轮的结构

2)离合器

离合器采用湿式多片离合器,其内部组成结构如图 8-6 所示。离合器的外花键毂与双质量飞轮的内花键相连,两个离合器的外片支架与离合器的花键毂相连,内片支架与输入轴 1 和输入轴 2 相连,当离合器接合时,便可将发动机的动力传递给 DSG 输入轴。

图 8-6　多片离合器的结构

(1)离合器 K_1 的工作过程。如图 8-7 所示, K_1 是外离合器,离合器外片支架与离合器外花键毂连接,内片支架与输入轴 1 连接,用于连接发动机与输入轴 1,可将转矩传递到与输入轴 1 相连的一、三、五挡和倒挡齿轮。当 DSG 油进入离合器的压力腔时,离合器的活塞 K_1 沿轴向移动,使离合器片组压在一起,发动机转矩便可传给输入轴 1,并且带动一、三、五挡和倒挡齿轮,当压力腔没有 DSG 油时,由膜片弹簧将活塞推回到离合器分离位置,使离合器分离。

(2)离合器 K_2 的工作过程。如图 8-8 所示,K_2 是内离合器,离合器外片支架与离合器 K_1 外片支架相连,离合器内片支架与输入轴 2 连接,用于连接发动机与输入轴 2,可将转矩传递到与输入轴 2 相连的二、四、六挡齿轮。当 DSG 油进入到离合器的压力腔时,离合器的活塞 K_2 沿轴向移动,使离合器片组压在一起,发动机转矩便可传给输入轴 2,并且带动二、四、六挡齿轮,当压力腔没有 DSG 油时,由螺旋复位弹簧将活塞推回到离合器分离位置,使离合器分离。

图 8-7　离合器 K_1 工作过程　　　　图 8-8　离合器 K_2 工作过程

3)输入轴及齿轮

输入轴及齿轮的结构如图 8-9 所示。

图 8-9　输入轴及齿轮的结构

输入轴 1 与离合器 K_1 的内片支架相连,在输入轴 1 上有一挡和倒挡公用斜齿轮、三挡斜齿轮、五挡斜齿轮、输入轴 1 转速传感器信号转子。

输入轴 2 与离合器 K_2 的内片支架相连,在输入轴 2 上有二挡斜齿轮、四、六挡共用斜齿轮、输入轴 2 转速传感器信号转子。

4)输出轴及齿轮

(1)输出轴1及齿轮。如图8-10所示,输出轴1上有一、二、三、四挡换挡齿轮和各挡同步器组件,还有与差速器相连的输出齿轮。其中一、二、三挡使用三件式同步器,四挡使用单件式同步器。

图8-10 输出轴1及齿轮的结构

(2)输出轴2及齿轮。如图8-11所示,输出轴2上有五、六挡和倒挡换挡齿轮,与差速器相连的输出齿轮,输出轴转速传感器信号转子。其中五、六挡使用单件式同步器,倒挡使用三件式同步器。

图8-11 输出轴2及齿轮的结构

(3)三件式同步器。如图8-12所示,带有钼涂层的黄铜同步环是转速同步的基础。三件式同步器与单件式同步器相比,所提供的摩擦面积要大得多,因此可提高同步效率。

5)倒挡轴及齿轮

倒挡齿轮轴用于改变输出轴2的旋转方向,倒挡齿轮轴上有两个齿轮,即倒挡齿轮1和倒挡齿轮2,两个齿轮均与倒挡轴制成一体,倒挡齿轮1与输入轴1上的一挡、倒挡共用齿轮相啮合,倒挡齿轮2与输出轴2上的倒挡齿轮相啮合,如图8-13所示。

第八章 双离合器自动变速器的构造与维修

图 8-12 三件式同步器的结构

图 8-13 倒挡轴及齿轮的结构

6）换挡机构

换挡杆外形如图 8-14 所示，换挡杆内部结构如图 8-15 所示。

图 8-14 换挡杆外形及挡位情况

图8-15 换挡杆内部的结构

(1)换挡杆控制单元J587。换挡杆固定架内的换挡杆位置传感器探测换挡杆的位置,并通过CAN总线将这些位置信号传输给换挡杆控制单元J587,并通过此信号来控制换挡杆锁止电磁阀N110工作。

(2)换挡杆锁止电磁阀N110。换挡杆锁止电磁阀N110用于将换挡杆保持在P和N位,它由换挡杆控制单元J587控制工作。

(3)换挡杆位置开关F319。如果换挡杆位于位置P,换挡杆位置开关F319则向换挡杆控制单元J587发送一个信号,换挡杆控制单元J587利用这个信号控制点火钥匙是否允许拔出点火开关。

(4)换挡杆锁止在位置P时的工作情况。当换挡杆在P位时,锁销插在P位锁销孔内,从而将换挡杆锁止在P位,可避免换挡杆被随意移动到其他位置,如图8-16a)所示。此时,如果想移动换挡杆至其他位置,需打开了点火开关,踩下了制动踏板,并按下换挡杆上的锁止按钮,换挡杆控制单元J587将向换挡杆锁止电磁阀N110供电,将锁销从锁销孔中拔出,换挡杆便可移动,如图8-16b)所示。

图8-16 换挡杆在P位置

(5) 换挡杆锁止在位置 N 时的工作情况。如果换挡杆位于 N 位置的时间超过 2s，换挡杆控制单元 J587 将向换挡杆锁止电磁阀 N110 供电，将锁销插入 N 位锁孔内，如图 8-17 所示。换挡杆无法在无意间移动到前进挡位置，踩下制动踏板时锁销便会自动松开。

(6) 应急开锁。如果出现故障使换挡杆锁止电磁阀 N110 供电中断，则将导致换挡杆无法移动，因为此时换挡杆锁保持启用状态。在紧急情况下，将一个较薄的物体压入锁销内，即可松开换挡杆锁，如图 8-18 所示。

图 8-17　换挡杆在 N 位置锁止与解锁　　图 8-18　应急开锁

7) 点火钥匙防拔锁

点火钥匙防拔锁可以防止驻车锁未锁止时，点火钥匙转到拔出位置。点火钥匙防拔锁采用电控机械原理，由转向柱控制单元 J527 控制。当换挡杆位于 P 位置，点火开关已关闭。换挡杆位置开关 F319 打开，转向柱控制单元 J527 探测到此信号，则停止向点火钥匙防拔锁电磁阀 N376 供电，点火钥匙防拔锁电磁阀 N376 内的弹簧将锁销推到开锁位置，如图 8-19 所示。

图 8-19　点火钥匙防拔锁开锁工作原理

点火开关打开,换挡杆位置开关 F319 闭合,转向柱控制单元 J527 向点火钥匙防拔锁电磁阀 N376 供电。点火钥匙防拔锁电磁阀 N376 克服弹簧力将锁销推到锁止位置,此时锁销可以防止点火钥匙转回和拔下,如图 8-20 所示。

图 8-20　点火钥匙防拔锁锁止工作原理

2 电子控制系统

电子控制系统的组成如图 8-21 所示,主要由输入装置(传感器和开关信号)、机械电子单元和执行器组成。

图 8-21　电子控制系统的组成

第八章　双离合器自动变速器的构造与维修

1) 输入装置

输入装置主要包括各种传感器和开关信号。

(1) 输入转速传感器 G182。输入转速传感器 G182 插入 DSG 壳体内,用于检测 DSG 输入转速信号,DSG 输入转速应该与发动机转速相同。电子控制单元通过此信号并根据 DSG 输入轴 1 转速传感器 G501 和输入轴 2 转速传感器 G502 的信号计算出离合器 K_1 和离合器 K_2 滑转率,电子控制单元可以借助离合器滑转率数据更精确地控制离合器的分离和接合。

如果该信号中断,电子控制单元将利用来自 CAN 总线的发动机转速信号作为替代信号。

(2) 输入轴 1 转速传感器 G501 和输入轴 2 转速传感器 G502。两传感器分别用于计算输入轴 1 和输入轴 2 的转速信号,电子控制单元可通过此信号确定多片离合器 K_1 和离合器 K_2 的输出转速,并根据输入转速传感器信号计算出离合器 K_1 和离合器 K_2 的滑转率,电子控制单元根据滑转率可识别离合器的接合和分离的状况,可对其实现精确控制。另外,电子控制单元可根据此信号和输出轴转速传感器信号判定是否已挂入正确挡位。

如果该信号中断,DSG 的相应部分被切断,其中输入轴 1 转速传感器 G501 损坏,汽车只能以二挡行驶;输入轴 2 转速传感器 G502 损坏,汽车只能以一挡和三挡行驶。

(3) 输出轴传感器 G195 和 G196。两传感器都装在机械电子单元上,与电子控制单元始终连接在一起,用来检测输出轴的转速,根据此信号,电子控制单元可以识别车速和行驶方向。两个传感器错开方式安装在一个壳体内,由一个信号转子驱动,如果改变行驶方向,信号以相反顺序到达电子控制单元。

如果该信号中断,电子控制单元将利用来自 ABS 控制单元的车速信号和转速信号作为替代信号。

(4) 液压压力传感器 G193 和 G194。两个传感器分别用于检测离合器 K_1 和离合器 K_2 的液压压力,电子控制单元可通过此信号得知离合器 K_1 和离合器 K_2 处的液压压力,以实现对离合器 K_1 和离合器 K_2 压力的精确调节。

如果中断信号或无压力时,相关 DSG 部分将从整个系统中脱开。车辆只能以一挡和三挡或者二挡行驶。

(5) 离合器油温度传感器 G509。离合器油温度传感器 G509 装在输入转速传感器 G182 的壳体里,用于快速精确检测离合器出口处的 DSG 油的温度,其工作温度范围为 $-55 \sim +180℃$。电子控制单元通过此信号进行调节离合器 DSG 油的流量并采取其他措施来保护 DSG。

如果该信号中断,电子控制单元将利用G93和G510的信号作为替代信号。

(6) DSG油温度传感器G93和控制单元温度传感器G510。两个传感器的信号用于检测机械电子单元的温度。此外,这些传感器信号还用于起动暖机程序。两个传感器彼此检查是否存在故障。两个传感器直接测量处于危险状态的组件的温度,这样可以及时采取措施降低DSG油温度,以避免机械电子单元过热。

当温度超过138℃时,机械电子单元将减小发动机的转矩输出;当温度超过145℃时,将不再向离合器供油,离合器保持分离状态。

(7) 换挡杆位置传感器G487、G488、G489和G490。4个传感器用于检测换挡执行机构所处的挡位,电子控制单元根据准确的位置将DSG油输送给换挡执行机构,以进行换挡。如果某一换挡杆位置传感器无法发送信号,受影响的DSG部分将从整个系统中脱开。在受影响的DSG部分中无法挂入相应挡位。

G487用于一、三挡,G488用于二、四挡,G489用于六、倒挡,G490用于五、空挡。

2) 机械电子单元

机械电子单元J743如图8-22所示,它由电子控制单元和电液控制单元构成,装在DSG内部,并浸在DSG油中。电子控制单元是DSG控制的核心,所有的传感器信号和来自其他控制单元的信号都由电子控制单元接收并进行监控。

图8-22 机械电子单元J743

电子控制单元具有以下功能:

(1) 能够根据需求情况调整液压系统压力。

(2) 精确控制双离合器中DSG油的压力和流量。

(3) 对离合器进行冷却控制。

(4) 根据传感器信号进行换挡点选择。

(5) 和其他控制单元进行信息交换。

(6) 激活应急模式。

(7) 进行故障自诊断。

(8) 同时可根据发动机转矩、离合器控制压力、离合器温度等信号对离合器进行过载保护和安全切断。

3）执行器

执行器主要是各种电磁阀,电磁阀可分为占空比电磁阀和开关电磁阀两类。

(1) 主调压阀 N217。主调压阀 N217 位于机械电子单元的电液控制单元内,是一个占空比电磁阀,其作用是用来调节液压系统的主油路压力。计算主油路压力时最重要的因素是离合器实际压力,该压力取决于发动机转矩。发动机温度和发动机转速用于校正主压力。机械电子单元不断调整主油路压力,以满足当前工作条件要求。

(2) 离合器调压阀 N215、N216。两个阀也都是占空比电磁阀,用于产生控制离合器的压力。离合器调压阀 N215 控制离合器 K_1 的压力,离合器调压阀 N216 控制离合器 K_2 压力。离合器压力计算的基础是当前发动机转矩,机械电子单元根据离合器摩擦力的变化调节离合器压力。

(3) 离合器冷却油调节阀 N218。离合器冷却油调节阀 N218 位于机械电子单元的电液控制单元内,它是一个占空比电磁阀,它通过一个液压滑阀控制离合器冷却油流量。电子控制单元使用离合器油温度传感器 G509 的信号来对其进行控制。

如果离合器冷却油调节阀 N218 失效,冷却油将以最大流量到离合器,这可能造成环境温度较低时换挡困难及耗油量明显提高。

(4) 换挡电磁阀 N88、N89、N90 和 N91。这 4 个电磁阀都位于机械电子单元的电液控制单元内,它们是开关电磁阀,电磁阀通过多路转换器滑阀控制通向所有换挡执行机构的油压,不通电时电磁阀处于闭合位置,DSG 油无法到达换挡执行机构。其中换挡电磁阀 N88 控制一挡和五挡的换挡油压,换挡电磁阀 N89 控制三挡和空挡的换挡油压,换挡电磁阀 N90 控制二挡和六挡的换挡油压,换挡电磁阀 N91 控制四挡和倒挡的换挡油压。

(5) 多路转换控制阀 N92。多路转换控制阀 N92 位于机械电子单元的电液控制单元内,该电磁阀也是开关电磁阀,用于控制电液控制单元内的多路转换器。多路转换控制阀 N92 接通,可以选择二、四、六挡;多路转换控制阀 N92 断开,可以选择一、三、五挡和倒挡。

(6) 调压阀 N233 和 N371。调压阀 N233 和 N371 位于机械电子单元的电液控制单元内,它们是占空比电磁阀,用于控制电液控制单元阀箱内的安全滑阀。当 DSG 部分出现与安全有关的故障时,安全滑阀使该部分内的液压压力与系统隔开。

3 液压控制系统

液压控制系统以 DSG 油为介质,主要的功用是根据需求调整液压系统压力,并对离合器和换挡调节器进行控制,对离合器冷却控制,为整个齿轮机构提供可靠的冷却和润滑。

液压控制系统的组成如图 8-23 所示,主要由 DSG 油、供油装置、冷却装置、过滤装置、电液控制单元和油路等组成。

图 8-23 液压控制系统组成

1) DSG 油

DSG 油是 DSG 中的传力介质,用于驱动离合器和换挡执行机构工作,并承担着润滑和冷却整个系统的重要作用。作为 DSG 油,必须满足下面要求:

(1) 确保离合器的调节和液压控制。

(2) 整个温度范围内黏度稳定。

(3) 可以抵抗高的机械压力,能承受高机械负荷。

(4) 不起泡沫。

2) 供油装置

油泵是供油装置的主要部件,油泵的作用是为整个系统提供 DSG 油。油泵采用的是月牙形内啮合齿轮泵,其结构和工作原理如图 8-24 所示。油泵由油泵轴驱动,油泵轴位于输入轴 1 和输入轴 2 的内部,由发动机飞轮驱动,以发动机转速运转,其最大输出量 100L/min,最大供油压力为 20MPa。

a) 结构原理　　　　　　　　　b) 油泵的驱动

图 8-24　油泵结构及工作原理

3) 冷却装置

DSG 油冷却装置安装在发动机冷却系统里，由发动机冷却液进行冷却，可将 DSG 油温度冷却到 135℃ 以下，以保证 DSG 正常工作。

4) 电液控制单元

电液控制单元集成在机械电子单元内（图 8-22），其上装有电磁阀、调压阀、各种液压滑阀、多路转换控制阀、限压阀和印刷电路板等，主要作用是通过调压阀和多路转换器滑阀来控制两个离合器和换挡调节器中 DSG 油的流量和压力，以实现平稳换挡。

5) 液压控制系统工作原理

液压控制系统中的油路如图 8-25 所示。

油泵经吸滤器从油底壳中吸入 DSG 油，并将 DSG 油加压后输送到主压力滑阀，主压力滑阀下有一油道，DSG 油通过该油道回流至油泵吸油侧。主压力滑阀由主调压阀 N217 控制，用于调节 DSG 油的工作压力。

经主压力滑阀的油路分为两条，一条将 DSG 油送到散热器，再经滤清器流回油底壳，另一条将 DSG 油送至离合器冷却油滑阀，对离合器进行冷却。

经调节后的工作油压直接被送往调压阀，并经调压阀送至离合器调压阀和换挡电磁阀，进行离合器控制和换挡控制。当离合器的实际工作压力超过规定值时，调压阀就会切断离合器的工作油路，使其迅速脱开，以保护离合器。送至换挡电磁阀的 DSG 油再经过多路转换器来控制换挡调节器的工作状况，以实现挡位的切换，多路转换器由多路转换控制阀 N92 进行控制。

图 8-25　液压控制系统油路

6）离合器工作控制

离合器工作控制包括离合器的接合/分离控制、离合器压力控制、离合器过载保护控制和离合器安全切断控制，离合器控制油路如图 8-26 所示。

离合器的接合/分离和压力控制主要通过离合器调压阀进行控制，离合器调压阀可以调节通往离合器 DSG 油的压力和流量，从而控制其接合/分离及接合程度。

离合器安全切断控制主要由调压阀和安全滑阀进行控制，当离合器的液压压力传感器和离合器油温度传感器检测到的压力和温度高于规定值时，电子控制单元通过控制调压阀来控制安全滑阀，切断通往离合器的 DSG 油通路，以保护 DSG。

离合器过载保护是电子控制单元通过检测离合器的滑转率、传递的转矩和 DSG 油的温度等信号，一旦发现离合器过载，电子控制单元便控制减小发动机的输出转矩，同时通过增加对离合器的冷却以对离合器进行保护。

7）离合器冷却润滑控制

离合器内部的机械摩擦会导致离合器温度上升，为防止离合器过热，必须对离合器进行冷却,液压控制系统设有单独的离合器冷却油路,如图 8-27 所示。冷却油路由离合器冷却油调节阀 N218 及离合器冷却油滑阀进行控制。电子控制单元根据离合器油温度传感器 G509 测得的油温来控制离合器冷却油调节阀 N218 来提高或降低离合器冷却油滑阀处的油压,冷却油滑阀再根据油压打开或关闭至多片离合器的油道。冷却油最大流量为 20L/min,冷却油最大压力为 200kPa。

图 8-26 离合器控制油路

图 8-27 离合器冷却润滑控制油路

8)换挡执行机构控制

与手动变速器一样,DSG 挡位变换也是通过拨叉来实现,一个拨叉控制两个挡位,但与手动变速器的操作方式不同,拨叉的动作是通过液压方式驱动的,液压通过驱动换挡调节器来驱动拨叉动作换入相应的挡位,其结构和工作原理如图 8-28 所示。换挡时将 DSG 油引入换挡调节器的一侧,而另一侧无压力,换挡拨叉在压力的作用下移动到无压力侧,从而挂上相应的挡位,一旦挂对挡位,通过换挡齿轮的倒角和换挡拨叉的锁止机构将挡位保持在该位置。每个拨叉上都有换挡杆位置传感器,用于识别换挡拨叉的准确位置。

图 8-28 换挡执行机构的结构

4 02E 型 DSG 各挡动力传递路线

1)一挡动力的传递路线

一挡动力的传递路线如图 8-29 所示。发动机动力经离合器 K_1→输入轴 1→输入轴 1 上的一、倒挡齿轮→输出轴 1 上的一挡齿轮→一、三挡同步器→输出轴 1→输出轴 1 上的输出齿轮→差速器。

图 8-29 一挡动力传递路线

2)二挡动力的传递路线

二挡动力的传递路线如图 8-30 所示。发动机动力经离合器 K_2→输入轴 2→

输入轴 2 上的二挡齿轮→输出轴上 1 的二挡齿轮→二、四挡同步器→输出轴 1→输出轴 1 上的输出齿轮→差速器。

图 8-30　二挡动力传递路线

3）三挡动力的传递路线

三挡动力的传递路线如图 8-31 所示。发动机动力经离合器 K_1→输入轴 1→输入轴 1 上的三挡齿轮→输出轴 1 上的三挡齿轮→一、三挡同步器→输出轴 1→输出轴 1 上的输出齿轮→差速器。

图 8-31　三挡动力传递路线

4）四挡动力的传递路线

四挡动力的传递路线如图 8-32 所示。发动机动力经离合器 K_2→输入轴 2→输入轴 2 上的四、六挡齿轮→输出轴 1 上的四挡齿轮→二、四挡同步器→输出轴

1→输出轴1上的输出齿轮→差速器。

图8-32 四挡动力传递路线

5) 五挡动力的传递路线

五挡动力的传递路线如图8-33所示。发动机动力经离合器K_1→输入轴1→输入轴1上的五挡齿轮→输出轴2上的五挡齿轮→五挡同步器→输出轴2→输出轴2上的输出齿轮→差速器。

图8-33 五挡动力传递路线

6) 六挡动力的传递路线

六挡动力的传递路线如图8-34所示。发动机动力经离合器K_2→输入轴2→输入轴2上的四、六挡齿轮→输出轴2上的六挡齿轮→六、倒挡同步器→输出轴2→输出轴2上的输出齿轮→差速器。

7) 倒挡动力的传递路线

倒挡动力的传递路线如图8-35所示。发动机动力经离合器K_1→输入轴1→输入轴1上的一、倒挡齿轮→倒挡轴上的倒挡齿轮1→倒挡轴→倒挡轴上的倒挡齿轮2→输出轴2上的倒挡齿轮→六、倒挡同步器→输出轴2→输出轴上的输出齿轮→差速器。

第八章　双离合器自动变速器的构造与维修

图 8-34　六挡动力传递路线

图 8-35　倒挡动力传递路线

8）P 挡

换挡杆移动到 P 位置时，驻车锁结合，制动爪卡入驻车锁止齿轮的轮齿内。驻车锁结构如图 8-36 所示。

图 8-36　驻车锁结构

如果驻车锁接合,止动爪卡入驻车锁止齿轮的一个齿内,弹簧1拉紧,锁止弹簧卡入连杆内并使止动爪保持不动,如果车辆开始移动,就会通过松开弹簧1将止动爪推到驻车锁止齿轮上的下一个空隙处。

换挡杆移出P位置时,驻车锁松开。滑板向右后侧退回到其初始位置,弹簧2将止动爪从驻车锁止齿轮的空隙中推出。

第二节 双离合器自动变速器的维修

一、DSG油液位的检查与添加、DSG油和滤清器的更换

(一)实训器材

(1)车辆:大众迈腾B8L乘用车(装备0DE型DSG)。

(2)普通工具:组合扳手、螺丝刀、扭力扳手等。

(3)专用工具及设备:旧油收集和抽吸装置V.A.G 1782或集油盘、车辆诊断测试仪VAS 6150B、加油适配接头VAS 6262A、扭力扳手V.A.G 1331、适配接头VAS 6262/6。

(4)其他:举升机、转向盘护套、换挡杆手柄套、座位套、脚垫。

(二)准备工作

(1)汽车进入工位前,将工位清理干净,准备好相关的器材。

(2)将汽车停放在举升机中央位置。

(3)打开电子驻车制动器(图8-37),并将换挡杆置于空挡或驻车挡(P挡)位置(图8-38)。

(4)套上转向盘护套、换挡杆手柄套和座位套,铺设脚垫。

(5)在车内拉动发动机舱盖手柄(图8-39),在车外打开并支撑发动机舱盖。

图8-37 打开电子驻车制动器

图8-38 换入空挡或驻车挡(P挡)

图8-39 拉动发动机舱盖手柄

(6)粘贴翼子板和前脸磁力护裙。

(三)操作步骤

1 DSG 油液位的检查与添加

1)注意事项

(1)如果要加注 DSG 油,只允许使用对应的双离合器自动变速器齿轮油(DSG 油),如图 8-40 所示。

(2)在一些储油罐上还必须使用适配接头 VAS 6262/6,如图 8-41 所示。

图 8-40　DSG 油储油罐　　图 8-41　适配接头 VAS 6262/6

(3)必要时应缩短加油适配接头 VAS 6262A 的排气管的长度。在某些储油罐中加油适配接头 VAS 6262A 的排气管过长,必须缩短至尺寸 a,使尺寸 a = 210mm。

> **注意**:尺寸 a 从加油适配接头 VAS 6262A(图 8-42 的放大图)排气管的根部开始算起。

可以用切管机 VAS 6056/2 缩短排气管的长度,如图 8-43 所示。

图 8-42　加油适配接头　　图 8-43　切管机 VAS 6056/2
　　　　　VAS 6262A

2) 前提条件

(1) 发动机处于非工作状态。

(2) 车辆处于水平状态,举升机的4个支撑架位于相同高度。

(3) 拆卸发动机舱底部隔音板。

(4) 换挡杆挂入挡位"P"。

(5) 连接车辆诊断测试仪 VAS 6150B。

(6) 在开始相关工作之前,要求 DSG 油温度不得高于45℃。

(7) 检查 DSG 油液位时,要求 DSG 油温度在 35~45℃ 之间。

3) 检查 DSG 油液位

(1) 用诊断仪读取 DSG 油温度,要求 DSG 油温度在 35~45℃ 之间。

注意: 如果 DSG 油温度高于45℃时,首先应让 DSG 冷却。

(2) 挂入"P"挡,起动发动机并怠速运行。

(3) 旋出 DSG 的放油螺塞,如图8-44箭头B所示。

(4) 更换放油螺塞垫片,如图8-45箭头所示。

图 8-44 检查 DSG 油液位(一)

图 8-45 检查 DSG 油液位(二)

(5) 让 DSG 油自然地流出。

注意: 即使在 DSG 油液位很低的情况下,由于 DSG 在运行过程中 DSG 油可能会进入油位管,所以当旋出放油螺塞后,仍然会有少量的 DSG 油会漏出。

(6) 当多余的 DSG 油基本流出后(当开始出现滴油的情况),安装带新垫片的放油螺塞。

(7) 如果旋出 DSG 放油螺塞时没有 DSG 油流出来,需要加注 DSG 油。

4)添加 DSG 油

(1)将适配接头 VAS 6262/2 用手拧入检查孔中。

(2)如图 8-46 所示,将加油适配接头 VAS 6262A 拧到储油罐上。

(3)加注 1.0L 的 DSG 油。

(4)从快速接头上拔下加油适配接头 VAS 6262A 并进行检查。

(5)如果此时 DSG 油从放油孔中漏出,则没有必要再继续添加。

①让多余的 DSG 油自然的流出。

②当多余的 DSG 油基本流出后(当开始出现滴油的情况),拧出加油适配接头 VAS 6262A 并安装带新密封环的螺栓,拧紧力矩:45N·m。

图 8-46 添加 DSG 油

(6)如果此时 DSG 油没有从放油孔中漏出,继续按上面的步骤添加 DSG 油。

2 DSG 油的更换

1)注意事项

(1)不要在 DSG 油中加注添加剂,只允许使用对应的双离合器 DSG 油。

(2)不允许将排放的 DSG 油再次加入 DSG 中。

(3)处理 DSG 油时要非常小心,应当根据相应的法规处理排放 DSG 油。

(4)注意 DSG 油若是热的,做好相关防护措施以防止对人体产生伤害。

2)前提条件

(1)发动机已关闭。

(2)车辆处于水平状态,举升机的 4 个支撑架位于相同高度。

(3)已拆卸发动机舱底部隔音板。

(4)已拆卸左前轮罩内板。

(5)换挡杆挂入挡位"P"。

(6)连接车辆诊断测试仪 VAS 6150B。

(7)执行换油工作时,DSG 油温度不得高于 45℃。

(8)注意相关维修说明和维修工作清洁事项。

3)排放 DSG 油

(1)将集油盘放在 DSG 下面。

(2)连接车辆诊断测试仪 VAS 6150B,读取 DSG 油的温度。如果高于 45℃,

则先让DSG冷却。

(3)关闭发动机。

注意：在没有得到指令之前，不允许起动发动机。

(4)在发动机不工作的情况下，旋出油位管并排出DSG油。然后重新安装油位管并加注DSG油。

(5)起动发动机，要求DSG油温度在35～45℃之间，排放多余的DSG油，直至DSG油液位与油位管齐平，如图8-47所示。

(6)旋出放油螺塞(图8-44箭头B)。

(7)更换放油螺塞的垫片(图8-45箭头)。

(8)拆卸油位管，如图8-48箭头所示，并让DSG油流出。

图8-47　排放DSG油(一)　　　图8-48　排放DSG油(二)

(9)旋出放油螺塞(图8-44箭头A)。

注意：大约再流出1.2L的DSG油。

(10)更换垫片(图8-45箭头)，并且重新安装放油螺塞，拧紧至20N·m。

4)添加DSG油

(1)拧上油位管(图8-48箭头)直至止点，并拧紧至3N·m。

(2)将加油适配接头VAS 6262A拧到储油罐上之前，测量通气管的长度尺寸a，必要时缩短通气管的长度，使尺寸a=210mm。

注意：尺寸a从加油适配接头VAS 6262A(见图8-42的放大图)排气管的根部开始算起。

(3)将适配接头 VAS 6262/2 用手拧入检查孔中。

(4)打开储油罐之前先摇晃几下,使油均匀。

(5)在加油过程中,加油适配接头 VAS 6262A 和储油罐必须总是高于 DSG。

(6)添加约 6L 的 DSG 油。

(7)当更换储油罐时,关闭适配器上的开关。

(8)当 DSG 中加入了 6L 的 DSG 油后,关闭适配器上的开关。

(9)起动发动机。加油适配接头 VAS 6262A 可能会保持连接状态。

(10)踩住制动踏板,将换挡杆在每个挡位停留 3s,然后将换挡杆置于"P"挡。

(11)不关闭发动机,检查 DSG 油液位。

3 滤清器的更换

注意:当 DSG 油保养间隔期已到、有冷却液已进入 DSG 油中、发现 DSG 油中有金属微粒、离合器烧坏或存在机械故障时,必须更换滤清器。

1)滤清器的拆卸

(1)将换挡杆置于"P"挡。

(2)拆卸发动机舱底部隔音板。

(3)旋出螺栓(图 8-49 箭头所示),拆下右侧传动轴上的隔热板。

(4)将集油盘放在 DSG 下面。

(5)如图 8-50 所示,拆下滤清器外壳。

注意:应更换缺失的或者损坏的隔热罩。

图 8-49 滤清器的拆卸(一)

图 8-50 滤清器的拆卸(二)

(6)取出滤清器。

2)滤清器的安装

(1)以凸肩(图8-51箭头所示)朝向车辆行驶的方向装入新的滤清器,拧紧滤清器外壳,拧紧力矩:50N·m。

图8-51 滤清器的安装

(2)其余的安装步骤按拆卸相反的顺序进行。

注意:擦干净溢流到DSG壳体上的DSG油。

二、DSG总成的拆装

(一)实训器材

(1)车辆:大众迈腾B8L乘用车(装备0DE型DSG)。

(2)普通工具:组合扳手、螺丝刀、扭力扳手等。

(3)专用工具及设备:扭矩扳手V.A.G 1331、支撑装置10-222A、发动机支架横梁T40091、发动机支架支撑T40093、发动机支架支撑适配器T40093/3-6、发动机支架支撑适配器T40093/3-6A或FT40093/3-6AT、适配接头10-222A/31、套筒T10179、锲子T10161、软管夹3094、发动机和变速器千斤顶V.A.G 1383A、变速器支架3282、工具头T100061、挂钩10-222A/20、调整盘3282/61A、调整销3282/34、防松件3282/59。

(二)准备工作

(1)将工位清理干净。

(2)准备好相关的器材。

(三)操作步骤

1　DSG总成的拆卸

(1)升降台4个定位件处于同一高度,略微抬高汽车。

(2)将换挡杆置于"P"挡位。

(3)拆卸发动机罩。沿图8-52箭头所示方向从支撑销上小心地拔下发动机罩。

注意：不要大力或单侧拉扯下发动机罩。

(4)拆卸空气滤清器壳体。

①拧出螺栓,沿图8-53箭头所示方向松开卡止装置,取下盖板。

图8-52　DSG的拆卸(一)

图8-53　DSG的拆卸(二)

②脱开冷却液软管,沿图8-54箭头所示方向松开卡止装置,取下空气导管上部件。

③如图8-55所示,拔下真空软管,松开软管卡箍,拆下空气导流软管,将空气滤清器壳体向上从橡胶支座处拔出并翻出。

图8-54　DSG的拆卸(三)

图8-55　DSG的拆卸(四)

(5) 拆卸蓄电池支架。

①拆卸蓄电池。

②脱开线束固定卡,如图 8-56 箭头所示。

③脱开蓄电池支架(图 8-57 箭头所示)上的电线束。

图 8-56　DSG 的拆卸(五)

图 8-57　DSG 的拆卸(六)

④沿图 8-58 箭头所示方向按压固定卡,并取下 DSG 通风装置。

⑤脱开线束固定卡,如图 8-59 箭头所示。

图 8-58　DSG 的拆卸(七)

图 8-59　DSG 的拆卸(八)

⑥如图 8-60 所示,拧出螺栓和螺母,取出蓄电池支架。

(6) 旋出调节螺栓(图 8-61 箭头 B 所示);将换挡杆拉索从换挡拨杆上脱开,如图 8-61 箭头 A 所示,并将其捆绑至一侧。

注意:不要松开调节螺栓;在拆卸和安装 DSG 的过程中不要弯折换挡杆拉索;不要损坏换挡杆拉索上的橡胶护套;安装换挡杆拉索时,必须先检查和调整换挡杆拉索。

(7) 沿图 8-62 箭头所示方向旋转机电控制单元的插头,并拔下。

图8-60　DSG的拆卸(九)

注意：在涉及机电控制单元拆装之前应先触摸一下搭铁物体，例如水管或举升机；不要直接触碰插头触点。

图8-61　DSG的拆卸(十)

图8-62　DSG的拆卸(十一)

(8) 拆卸起动机。

(9) 拆卸增压空气管。

(10) 在发动机暖机时，冷却系统处于压力之下。在拔出冷却液软管之前首先应当降低系统压力，因此先用抹布盖住冷却液补偿水桶盖缓慢地打开补偿水桶盖。

注意：补偿水桶盖打开时热蒸汽可能会溢出，必须戴防护眼镜和穿防护衣服，以免造成烫伤和人身伤害。

(11) 将无纤维的布放置在DSG油散热器和DSG上，以便接收流出的冷却液。

(12) 使用直径 25mm 软管夹 3094 夹住冷却液软管,沿图 8-63 箭头所示方向松开固定卡并拔下冷却液软管。

(13) 用干净的堵头封闭 DSG 油散热器。

(14) 如图 8-64 所示,旋出冷却液管的固定螺栓。

注意:为了方便拆卸发动机与 DSG 上部连接螺栓,将冷却液管略微向上提起。

图 8-63　DSG 的拆卸(十二)　　　图 8-64　DSG 的拆卸(十三)

(15) 如图 8-65 所示,旋出 DSG 冷却液阀 N488 的固定螺栓,将 DSG 冷却液阀 N488 置于一旁。

(16) 如图 8-66 所示,旋出螺母,取下线束支架。

注意:旋出下部的螺母,可在拆下发动机底部隔音板后从下面旋出。

图 8-65　DSG 的拆卸(十四)　　　图 8-66　DSG 的拆卸(十五)

(17) 若在支撑装置 10-222A 的发动机定位孔区域内有软管连接件和电缆连接件,则必须拆下它们。

(18) 沿图 8-67 箭头所示方向松开卡扣,向上拆下发动机盖板左前支座。

(19)如图 8-68 所示,拆下发动机盖板右前支座。

图 8-67　DSG 的拆卸(十六)

图 8-68　DSG 的拆卸(十七)

(20)拆卸排水槽盖板。

(21)拆卸减振器盖板。

(22)将适配接头 10-222A/31-1 置于左侧减振器支座上,适配接头 10-222A/31-2 置于右侧减振器支座上,棱边(图 8-69 箭头所示)指向发动机舱。

(23)如图 8-70 所示,将 2 个连接件 T40091/3 推到支撑装置 10-222A 上;将支撑装置 10-222A 拧紧到适配接头 10-222A/31。

图 8-69　DSG 的拆卸(十八)

图 8-70　DSG 的拆卸(十九)

(24)将丝杠 T40093/3 拧到适配接头 T40096/3-6 上;如果两侧纵梁(图 8-71 箭头所示)区域内有线束,将线束脱开;将适配接头 T40096/3-6 安装到右侧纵梁上;如有必要,小心地松开适配接头 T40093/3-6 安装区域内的空调组合管固定卡,不可以断开空调管路。

(25)将适配接头 T40093/3-6A 或 FT40093/3-6AT 安装到清洗液储液罐加注管 B 正后方的左侧纵梁上。分别用定位销 A 将适配接头 T40093/3-6 和 T40093/3-6A 或 FT40093/3-6AT 锁止在纵梁棱边后方,如图 8-72 箭头所示。

图 8-71 DSG 的拆卸(二十)

图 8-72 DSG 的拆卸(二十一)

(26)如图 8-73 所示,将转动式万向节 T40093/4 推到四方管 T40091/1 上;用四方管 T40091/1 连接丝杠 T40093/3 和吊架 10-222A 并张紧;组装带孔导轨 T40091/2 和定位件 T40093/5;将带孔导轨 T40091/2 通过转动式万向节 T40093/4 用四方管 T40091/1 连接;将锁止销 1 装入带孔导轨 T40091/2 并固定;使用挂钩 10-222A/20 或 10-222A/12 将丝杠连接;通过丝杠略微预紧发动机/DSG 总成和支撑装置。

(27)使用套筒 T10179 旋出 DSG 和发动机之间的上部两个连接螺栓,如图 8-74 箭头所示。

(28)使用工具头 T10061 旋出位于起动机孔中连接螺栓,如图 8-75 箭头所示。

(29)拆卸发动机舱底部隔音垫。

(30)拆卸左侧车轮。

(31)拆卸左侧轮罩内板。

(32)拆卸左侧传动轴。

(33)旋出螺栓(图 8-49 箭头),拆下右侧传动轴上的隔热板。

图 8-73 DSG 的拆卸(二十二)

图 8-74　DSG 的拆卸(二十三)　　图 8-75　DSG 的拆卸(二十四)

(34)拆卸右侧传动轴。

(35)如图 8-76 所示,将插头从油位传感器 G266 上拔出(如果有)。

(36)拆卸副车架,不要拆卸转向器。

(37)用定位销 T10096 固定前梁的位置,否则必须对底盘进行定位。

(38)旋松发动机支座与发动机支撑件的连接螺栓(图 8-77 箭头所示)约 4 圈。

图 8-76　DSG 的拆卸(二十五)　　图 8-77　DSG 的拆卸(二十六)

(39)旋出螺栓,如图 8-78 箭头所示。

(40)旋出发动机与 DSG 的连接螺栓,如图 8-79 箭头 A 所示。

(41)将发动机和变速器千斤顶 V.A.G 1383A 以及变速器支架 3282 置于 DSG 下方,如图 8-80 所示,在 DSG 上安装安全支架,向上略微举升发动机和变速器千斤顶 V.A.G 1383A,使其受力。

(42)旋出发动机与 DSG 的连接螺栓(图 8-79 箭头 B)。

(43)旋出发动机与 DSG 的连接螺栓,如图 8-81 箭头所示。

图 8-78　DSG 的拆卸(二十七)　　图 8-79　DSG 的拆卸(二十八)

图 8-80　DSG 的拆卸(二十九)

(44) 用支撑装置 10-222A 的丝杆稍微降低发动机和 DSG。

(45) 将 DSG 从定位销上拉出。

(46) 稍微地分离 DSG 与发动机。

(47) 小心地用发动机和变速器千斤顶 V.A.G 1383A 降低 DSG。

注意：在降低 DSG 前确保相关管路、插头及线束已完全脱开。在降低过程中应小心地操作,避免 DSG 与车身发生磕碰。

第八章 双离合器自动变速器的构造与维修

图 8-81 DSG 的拆卸(三十)

2 DSG 总成的安装

DSG 的安装以拆卸相反的顺序进行,同时注意下列事项:

(1)更换自锁螺栓和螺母。

(2)更换以角度控制方式(例如:30N·m + 继续旋转 90°)拧紧的螺栓以及密封圈。

(3)所有软管接头的弹簧卡箍都必须更换。

(4)安装时,将导线扎带在原始位置复原。

(5)检查曲轴中的滚针轴承(图 8-82 箭头所示),如果损坏或者为无光泽的蓝色(因过热造成的)必须更换。

(6)用耐高温润滑脂稍微润滑滚针轴承(图 8-82 箭头)。

(7)用耐高温润滑脂稍微润滑 DSG 输入轴的轴头部。

(8)如图 8-83 所示,检查汽缸体中是否有用于发动机与 DSG 的定位销 A,如有必要,应安装定位销,同时确保中间板已安装到定位销上。

图 8-82 DSG 的安装(一)　　图 8-83 DSG 的安装(二)

(9)小心地用发动机和变速器千斤顶 V.A.G 1383A 举升 DSG,并用变速器工具3282调整DSG的安装位置。

> **注意**：在举升DSG的过程中，要注意不要弯折或损坏换挡杆拉索。

(10) 将DSG安装至发动机上，使得发动机和DSG接触面贴合。

(11) 如图8-83所示，旋入发动机与DSG连接螺栓6和10并拧紧，拧紧力矩见表8-1。

发动机与DSG连接螺栓的拧紧力矩　　　　表8-1

位　　置	螺　　栓	拧紧力矩（N·m）
1	M12×50	80
2	M12×50	80
3[1]	M12×40	40
4	M12×60	80
5[1]	M12×40	40
6	M12×60	80
7、8、9	M12×50	40
10	M12×60	80
A	定位销	

注：[1] 额外用于将起动机连接至DSG。

(12) 拆下DSG上的变速器工具3282，并移除发动机和变速器千斤顶V.A.G 1383A。

(13) 使用支撑装置10-222A的丝杆升起DSG，使得DSG支座与DSG贴合。

(14) 更换发动机及DSG支座螺栓，并调整机组支架。

(15) 安装副梁。

(16) 安装传动轴。

(17) 将右侧传动轴的隔热罩安装在发动机上，拧紧螺栓（图8-49箭头），拧紧力矩：35N·m。

(18) 如图8-83所示，旋入发动机与DSG连接螺栓1、2、4、7、8、9，并按表8-1所示规定力矩拧紧。

(19) 无应力地安装排气系统。

(20) 安装起动机。

(21) 安装换挡杆拉索, 必要时进行调整。

(22) 安装蓄电池支架。

(23) 安装空气滤清器壳体。

(24) 检查冷却系统中的冷却液液位。

(25) 检查 DSG 油液位, 如有必要进行添加。

(26) 安装发动机底部隔音板。

(27) 安装发动机罩。

小结

1. 双离合器自动变速器(DCT)是综合了手动变速器与自动变速器的优点发展而来的,大众汽车公司对该技术应用较早,也比较广泛,并且把其称为直接换挡变速器(DSG)。除了这两种叫法外还有很多叫法,比如三菱称 SST、保时捷称 PDK, 宝马称 DKG、福特沃尔沃称 Powershift、奥迪称 S-Tronic 等。虽然不同汽车公司所配备的 DCT 名称不同,但其构造及原理是基本相同的。

2. DSG 是通过将变速器挡位按奇偶数分开布置,形成两个彼此独立的传动机构。每个传动机构的结构都与一个手动变速器相同,每个传动机构都配有一个湿式多片离合器, 传动机构 1 通过离合器 K_1 来选择一、三、五挡和倒挡, 传动机构 2 通过多片式离合器 K_2 来选择二、四、六挡, 因此, 只需通过切换两个离合器的工作状态就可以完成换挡操作。

3. DSG 主要由机械传动机构、电子控制系统、液压控制系统等几部分组成。

4. DSG 机械传动机构主要由双质量飞轮、两个湿式多片离合器、输入轴及齿轮、输出轴及齿轮等组成。

5. DSG 电子控制系统主要由输入装置(传感器和开关)、机械电子单元和执行器组成。

6. DSG 电子控制系统输入装置主要包括各种传感器和开关信号,包括输入转速传感器 G182、输入轴 1 转速传感器 G501 和输入轴 2 转速传感器 G502、输出轴传感器 G195 和 G196、液压压力传感器 G193 和 G194、离合器油温度传感器 G509、DSG 油温度传感器 G93 和控制单元温度传感器 G510、换挡杆位置传感器 G487、G488、G489 和 G490。

7. DSG 电子控制系统机械电子单元 J743 由电子控制单元和电液控制单元

构成,装在DSG内部,并浸在DSG油中。电子控制单元是DSG控制的核心,所有的传感器信号和来自其他控制单元的信号都由电子控制单元接收并进行监控。

8. DSG电子控制系统执行器主要是各种电磁阀,电磁阀可分为占空比电磁阀和开关电磁阀两类。

9. DSG液压控制系统以DSG油为介质,主要的功用是根据需求调整液压系统压力,并对离合器和换挡调节器进行控制,对离合器冷却控制,为整个齿轮机构提供可靠的冷却和润滑。

10. DSG液压控制系统主要由DSG油、供油装置、冷却装置、过滤装置、电液控制单元和油路等组成。

11. 双离合器自动变速器的维修项目主要包括DSG油液位的检查与添加、DSG油和滤清器的更换和DSG总成的拆装。

复习思考题

一、选择题

1. 大众汽车公司对双离合器自动变速器技术应用较早,也比较广泛,并且把其称为直接换挡变速器,简称(　　)。

  A. DCT   B. DSG   C. PDK

2. 油泵是供油装置的主要部件,02E型DSG油泵采用的是(　　)。

  A. 外啮合齿轮泵 B. 叶片泵 C. 内啮合齿轮泵

3. (　　)是占空比电磁阀,用于产生控制离合器的压力。

  A. 主调压阀

  B. 离合器调压阀

  C. 离合器冷却油调节阀

二、判断题

1. DSG是通过将变速器挡位按奇偶数分开布置,形成两个彼此独立的传动机构。(　　)

2. DSG主要由机械传动机构、电子控制系统、液压控制系统等几部分组成。(　　)

3. 在DSG中使用液力变矩器等可以吸收系统振动的元件。(　　)

4. DSG液压控制系统设有单独的离合器冷却油路。(　　)

三、简答题

1. 简述 DSG 的基本组成。
2. 简述 02E 型 DSG 的结构特点和各部件的作用。
3. 简述 02E 型 DSG 各挡的动力传递路线。

参 考 文 献

[1] 谭小锋. 汽车底盘电控系统构造原理与检修[M]. 北京:机械工业出版社,2017.

[2] 李进. 自动变速器构造与检修[M]. 北京:人民邮电出版社,2018.

[3] 蒋卫东. 汽车底盘电控系统检修[M]. 北京:清华大学出版社,2017.

[4] 赵国富. 自动变速器结构原理与维修[M]. 北京:机械工业出版社,2015.

[5] 沈沉. 汽车底盘电控系统检测与修复[M]. 北京:机械工业出版社,2016.

[6] 叶桂句. 汽车自动变速器原理与检修[M]. 广州:华南理工大学交通出版社,2011.

[7] 陈家瑞. 汽车构造(下册)[M]. 北京:机械工业出版社,2009.

[8] 许炳照. 汽车底盘电控系统检修[M]. 北京:人民交通出版社股份有限公司,2017.